引き離されたぼくと子どもたち

どうしてだめなの？共同親権

宗像充
Munakata, Mitsuru

社会評論社

●目次

第1章　家族が増える

二〇一五年に新調した格子柄の手帳の表紙の裏に、二枚の写真が挟んである。

一枚は、ぼくがそのころ仕事机を置いていたフリースペースの玄関前での集合写真だ。二〇〇七年に撮影した。

ぼくは下の娘、一歳の菜種を小脇に抱えている。菜種はぼくが渡したお守り袋を左手に持ち、両手の人差し指を目の前に立てポーズをとっていた。その右で友人の川合が上の娘の詩織を抱えていた。詩織も両手でVサインをとろうとしているところだった。顔がちょっとぎこちない。一番背の高いぼくの両脇に、ぼくの母や友人、弁護士たちが並んでいた。詩織は四歳、菜種は一歳で、あと数カ月すれば二人とも誕生日を迎える。まだ暑さが若干残る一〇月のことだ。腕まくりをしている人もいる。

もう一枚の写真では、中央にぼくがいて、両脇に詩織と菜種がいる。よくこの写真を他人に見せると「宗像君、こんないい笑顔を見せるんだ」と驚かれる。菜種はおもちゃの木琴のバチを振り上げ、詩織はピカチューの人形を持ち、カメラに向かってニッと笑っていた。詩織は七歳、菜種は四歳になっていた。二年半後の二〇一〇年のことだ。

何も説明しなければ、よくある親子の記念写真であり、集合写真だ。子煩悩な親なら、連れ合いの写真はなくても、こんな写真の一枚は手帳やパスケースに挟んでいるだろう。

二〇一四年までぼくは、三人で映った二〇一〇年の写真を手帳に挟んでいた。二〇一五年に、新しい手帳を買ったとき古い手帳を整理して、二〇〇七年のときの写真を見つけた。それはぼくが二〇一〇年に新しく子どもたちと写真を撮り直すまで、手帳に挟んでいたものだ。挟む写真が新たにできたので、古い写真はそのまま眠って忘れていた。

来年の手帳に挟む写真をどうしようかと考えたとき、ぼくは両方の写真を手帳に挟んだ。ともに思い出深いものだ。一枚は二人の娘と別れたときのもの。そしてもう一枚は二人と再会したときのもの。この本は二枚の写真の間をつなぐ物語だ。


二人とは二〇一〇年の三月に再会した。二人はぼくの顔を見てにっこりと笑った。照れているのか、どうしていいかわからないのか、かけよってはこない。二人とも順番に抱き抱えた。「やっと会えたね」と菜種を抱えると、身体全体でべったりと抱きついてきた。ぼくは離婚後の親子交流を支援する仲介団体のある、千葉市内の事務所の片隅、わずか二畳ほどのプレイスペースで子どもたちと会った。

持ってきたカメラで二人の写真を撮り、部屋にあるおもちゃで三人で遊ぶ。別れたときには、片言で話すだけだった菜種は、二年半の間に言葉を覚えていた。以前はまだ幼児だったのに、髪も伸びて少女になっていた。「パパ」と呼ぶのがうれしそうだ。

「詩織、充すぐに会いに行くって言ったのに、約束守れなかった。ごめんね」

詩織はどうしてなのと聞いてきた。裁判所が決めたこと、とつい言ってしまう自分の言葉に釈然としない。詩織が知りたかったのは、なぜそうなったのかということだろう。毎週月曜日に出していたはがきは届いているか聞くと、うなずいた。

二人には少し大きすぎる一眼レフのカメラを渡すと、いろいろとあちこち撮りはじめた。事務所のスタッフの方にも詩織がカメラを向けた。スタッフの一人に頼んで、三人の写真を撮ってもらった。そのときの写真をぼくは二〇一〇年に新たに手帳に挟んでいたのだ。

二枚の写真の間の二年半の期間は、これから子どもたちとはどうなっていくのだろうと、不安の連続だった。子どもを子どもたちの母親の俊枝と、そのとき彼女が同居していた、川野厚のもとに渡すことは、最終的にはぼくが決めたことだ。子どもたちにとっては、ぼくが突然母親のもとに自分たちを押し付けたように感じたかもしれない。今までいっしょに暮らしていたぼくと会えなくなって、寂しい思いをしていないだろうか。考えれば考えるほど焦り、どうしようもできない現実に無力感を抱きもした。このまま会えなくなってしまうのではないかという恐怖感に苛まれ、ひどく焦燥し、眠れない日が続いた。

その間、「あなたがしっかりしていれば子どもも会いに来るから」と他の人から何度も言われた。言った本人は励ますつもりだったのだろう。しかしぼくには、子どものことなんて忘れてしまったほうが楽になると言われているようで、最初は「あなたにぼくの気持ちがわかるのか」と腹立たしく、後によくある気休めの一つ程度にしか受け止めなくなった。

「会えなくなっても親子は変わらないから」という言葉にすがりつくような感覚を覚えた。しかし本当にそうだろうか。子どものことを思うのは、親でなくてもできることだ。そして一時忘れることは親でもできる。

自分が感じる恐怖感は、子どもに会えなくなるということだけなのだろうか。今まで子どもとともに築いた愛着関係を切り離されることを「生木を裂かれるような」と表現することはある。自分が親であるということは、子どもとともにあることによって実感できる。「親は子どもによって親にさせられる」からだ。

一方、その人が、周囲に父であり、母であることによって自分を保っていた部分があるなら、子どもを奪われるということは、自分のアイデンティティ自体が奪われるような体験だ。家族を持つこと、家族の中で役割を果たすこと、それができなくなれば、何のために生きているかの指針が失われる。その時感じる恐怖心は、親であることをやめさせられることへの不安が背景にある。そんな他人の自分への目線に揺さぶられ続けるのはかなり疲れる。

今もぼくは子どもとの交流ができたりできなかったりする。裁判所の決定は二カ月に一度という、親子の触れ合いと呼ぶには常軌を逸したものだ。しかしそれが裁判所ではスタンダードでもある。

そんな現実の中でぼくは新しい写真をのぞき込む。菜種がぼくに身を委ねたのも、詩織が戸惑いながら見せた笑顔も、それが本心なのだ。たとえこの先二人との関係が難しくなることがあるにしても、ぼくはその二人の気持ちに応じるだけの信頼を二人に示すことができる。何よりぼくが彼女たちを信じなければ、彼女たちがぼくのことを信じることなんてできはしない。何を信じるのだろう。それは二人がぼくの大事な娘だということだ。

*

　ぼくがはじめて斎藤俊枝とその娘の詩織ちゃんと会ったのは、二〇〇四年の秋口の国立市の公民館でのことだ。平和運動の学習会にぼくが参加したとき、会場の教室の前で、友人の川合陽子といっしょにまだ小さな女の子の相手をしていたのが俊枝だった。目鼻立ちの整ったスラっとした女性で、黒いコートを羽織り、華やかというのとは違った独特の雰囲気があった。

　川合がぼくを俊枝に紹介すると、詩織ちゃんがぼくのほうにかけよってきて、足に抱きついた。ピンクの格子柄のミッキーマウスのワンピースが可愛らしい。はじめて会ったのに、ぼくのほうは戸惑って抱え上げるでもなくそのままにしていた。どうしていいかわからなかったのだ。

　俊枝のことは川合からちょっとだけ聞いていた。夫と別居していて大学に入りたいと言っている若い母親が、平和運動のグループに来ている。そんな話にぼくがまったく興味がなかったというわけではなかったけれど、強く意識していたというわけでもない。ただ珍しくはあったので一度顔を出そうと思っていた。そのグループは国立にできてまだ新しく、一度も行ったことがなかったから、様子を見に行くという名目で顔を出した。

　その後、会の懇親会で俊枝の隣に座って話をした。あまり全員の会話に話を合わせるというタイプではないようで、それはぼくも同じだった。「名前なんでしたっけ」と何回かぼくが聞いて、「覚える気あるんですか」と顔を見つめられた。夫と離れて暮らしていて、今は彼女を父子家庭として育てた父親と暮らしている、というのが俊枝の説明だった。

隣町に住む彼女は、国立にある子ども向けの絵本の店に顔を出し、そこでこのグループが開催している写真展のチラシを見つけて、彼らと知り合いになった。どこに行くにも詩織ちゃんといっしょで、その後何回かいっしょに懇親会などで顔を合わせることがあった。いつも彼女は、ちょこちょこと動きはじめたばかりの詩織ちゃんの世話を焼いていた。

そのころぼくは、市内の大学をやめてそのまま同じアパートで暮らして数年が経っていた。大学院をドロップアウトしていた。生活の当てがあるわけでもなく、書き物の仕事がしたいと思いながら、登山の雑誌の仕事を続けていた。大学山岳部で活動していたので、仕事を請け負わせてもらっていたのだ。

一方でぼくは、国立市内の環境や平和についての市民活動にあちこち顔を出して、市内でそういった活動を紹介するミニコミ「並木道」を出して書く欲求を満たしていた。

当時、自衛隊のイラク派兵が二〇〇三年末から始まり、その反対運動の中で、友人が立川にある自衛隊官舎に派兵反対のチラシ配りをし、彼ら三人が住居侵入罪で逮捕されるという事件も起きた。この事件は、派兵下の言論弾圧事件として世間の注目を浴びた。ぼくはこの事件を題材に最初の本を書いていた。三人の支援活動は、一地方の市民活動の範疇を超えて全国の注目を集め、ぼくも地元でチラシを配ったり、駅前でしゃべったり、デモや集会をしたりと、様々な経験を積んでいった。

社会問題に目覚める中で、そういった問題を仕事の中で取り上げていきたいという意欲はあったものの、無名のライターに活動の場が与えられるはずもなく、生活が安定することもなかった。一人暮らしも長く、寂しいとは思ったけれど、そんな生活は東京に来てずっとだ。お金にならないことに毎日時間を取られていた。

ある日、俊枝が行っていたその平和グループの新年会で、俊枝に腕を取られて「結婚してください」と言われた。どこまで彼女が本気で言っていたかは、まだそのころ彼女は離婚していなかったので、推して知るべしだけれど、嫌な思いはしなかった。

その後連絡があったのは俊枝のほうからだ。彼女は「並木道」でぼくの年寄りくさい文章を読んでいて、「ムナゾー」とあだ名で川合に呼ばれて公民館に現れたぼくが、思ったより若かったから印象に残ったという。その後、詩織ちゃんを連れた俊枝が、六畳一間のぼくの家に通ってくるようになるまでさほど時間はかからなかった。都心での仕事帰りに彼女を呼び出した。何回か三人でいっしょに過ごした後、俊枝は泊まっていった。

これは俊枝から聞いた話だ。彼女は高校を出た後大学入試に落ち、自分でお金を貯め、大学に行くためにバイトをした。八ヶ岳のペンションで住み込みのバイトをしているときに出会ったのが、詩織ちゃんの父親の斎藤良平だった。彼女はそこで斎藤の子どもを妊娠した。彼にはお腹の子を堕ろすように言われた。しかし、俊枝の父親は彼女に「みんなで支えるから」と産むように言った。

斎藤は俊枝と結婚し、俊枝は彼の実家に移り住んだ。彼女がそれまでのバイトで稼いだお金は、新しい生活の準備や結婚生活で大部分使ってしまった。詩織ちゃんが生まれるまでは、二人で生活のためにバイトをした。

やがて詩織ちゃんが生まれた。ところが俊枝は、義父母と暮らすその家の生活に適応できずに声が出なくなった。彼とは行く行くはアパートを借りて三人で暮らす約束で、詩織ちゃんを連れて父親が暮らすアパートに引っ越した。しかし彼女は仕事をしていなかったし、彼からの生活費も途絶えた。俊枝の暮らすアパートに斎藤がやってきても喧嘩になる。数カ月は彼とも会っていないという。今の生活も父親とのソリが合わず、必ずしも満たされたものには見えなかった。

そんな話を聞きながら、俊枝の境遇にぼくは同情した。でもだからといってぼくが彼女と付き合うようになったのは同情からではない。笑顔がパッと周囲の雰囲気を華やかにする俊枝が好きになったのだ。ただ、世間的に見てぼくが彼女と付き合うことは、手放しで肯定されるということにはならない。何より詩織ちゃんの将来を考えるべきなのは、彼ら二人の今後の関係がどうあれ、親である俊枝と斎藤だった。

そんな彼女の身の上話を聞いて、離婚しないほうがいいとかしたほうがいいとか、ぼくは言わなかった。いや言えなかった。彼女の言い分が本当なのかと斎藤に確かめることもしなかった。それはよく言えば彼女の話を信じるというぼくの善意であり、曖昧なままに彼女との関係を続けたいというズルさでもあった。

ぼくは彼女に「いっしょに暮らそうか」と言った。詩織ちゃんを保育園にあずけて働こうと思っている、と言っていたのは彼女だった。二人で働けばぼくの少ない収入でも、三人の生活はできると思った。「それもおもしろそうだなって思って」とぼくは言葉を付け足した。それは照れ隠しであったかもしれないけれど、本心でもあった。

そのとき俊枝がどう言ったのかは覚えていない。ただ彼女は、あとからきたメールではぼくがそう言ってくれたことを喜んでいた。


俊枝はほとんどの日をぼくの小さなアパートで過ごすようになっていた。あるとき家に帰ってくると、俊枝はぼくに抱きつき、生理が来ないとぼくに言った。「ほんとに」と聞き返すぼくの目を上目がちに伺いながら、「あなた動揺しているでしょう」と俊枝は言った。

彼女といっしょに寝るということは、もちろんそういうことも可能性としてある。それはわかった上だから、うれしいという思いはある。ただ漠然とした心配が広がるのは否定できない。四人の家族をこれから支えていくにしても、まだその準備は何も整ってはいなかった。

俊枝は病院に行ってまず間違いないと言われ、市販の妊娠検査薬でも陽性が出た。俊枝はそれをぼくに見せ、詩織ちゃんに「お腹に赤ちゃんがいる」と無邪気に話していた。二人の様子を見て、これからやるべきことを想像し、責任の重さを痛感し、喜びと不安とがないまぜになった。ただ、妊娠と子育てについては俊枝が一度経験積みで、その点についてはなんとなく俊枝に頼ることもできるだろうと思った。問題はそういったぼくたちの状況を、どうやって周囲に認めさせていくかということだ。

そんな中、俊枝が詩織ちゃんを産んだ助産院の母親のグループで離婚について相談すると、どうにか斎藤とやり直せないのか、と俊枝は言われたという。彼女も詩織ちゃんの母として動揺を抑えられなかったのだろう。なんで今さらそれをぼくに相談するんだろうと思った。それは俊枝の選択だったわけだから。

いっしょに暮らそうと俊枝に言ったとき、ぼくは同時に「法的な結婚はしない」と彼女に言ってはいる。事実婚という言葉を知っていたし、戸籍制度には問題があるという程度の知識もあった。周囲で市民活動をしている人の間では、そういった話題が出ることもあったし、実際にそうしている人もいた。結婚というものが互いの信頼関係で成り立っているならば、あえて法的な制度に頼ることに必要性を感じなかった。あるとしたら形式よりも中身が大事という考えで、この点だけは今も変わっていない。

今考えれば、結婚していた俊枝がそのつながりを振り切り、ぼくとの法的な保障のない生活に移るのは、客観的に見れば大きな決断が必要な行為だ。それを俊枝の意向も確かめないままに彼女に提案したぼくは、かなり能天気に女性に甘えていたのだと振り返ることができる。何よりしっかりした考えのないままに世間と違うことをするには、ぼくはいいにしても、それに付き合わされる俊枝たちや周囲を巻き込む行為だ。要するに世間をなめていた。

俊枝はそんな決断をするにおいて大胆に見えた。俊枝は新しく住むところを探すために物件を見て回りはじめた。以前から斎藤と暮らす家の物件を見て回っていたようだ。その相手は斎藤ではなくぼくに変わっていた。ただ、彼女との新しい生活を迎えるまでは、まだまだ乗り越えなければいけないことがたくさんあった。

そして二人と暮らすようになるまでの時期と、その後もぼくは、これまでぼんやりとしか考えてこなかったことを毎日のできごとの中で考えるようになった。「家族って何だろう」。

*

できれば、ぼくと俊枝が結ばれるまでの過程を、ちょっとしたエピソードを交えながら描ければいいのだけれど、二人で話していたことは、多分ほかのカップルとあまり変わらない。ただ、詩織ちゃんもいたので二人だけで過ごす時間というのは限られていた。

詩織ちゃんもまだ小さくて、俊枝は泣けばおっぱいを度々あげなければいけなかった。まだ周囲には二人のことを言ってはいなかったので、詩織ちゃんを他人にあずけることもできなかった。そんな会話を詩織ちゃんが眠っている時間にポツリポツリと話した。

あるとき仕事先から家に帰ってくると、家で詩織ちゃんと過ごしていた彼女が、ぼくのスウェットパンツを履いて玄関先に出迎えたことがあった。着るものがなかったという。彼女がぼくの衣装ケースを物色して、それを探し出して着ていることになんの頓着もないことにちょっと驚いた。ぼくは一人で自分の周囲のことは決めるという生活が長かった。

そのころぼくの自宅は、ぼくがあちこち顔を出していた、市民活動で出会った仲間が、用がなくても顔を見せる溜まり場のような場所になっていた。仕事は家でしていたので、ふらっと来てもいることの多いぼくの部屋は、使い勝手がよかったのだろう。

あるとき帰ってきたら、俊枝が「今日、青木さんという人が訪ねてきたわよ」と言った。男の人の声だったので、ぼくが帰ってきたと思ってドアを開けたら、別の男の人が立っていた。「宗像君いますか」と聞かれて、「まだ帰ってきてません」と答えたら帰っていったのだという。青木は近所に住んでいて、「並木道」をいっしょに発刊している仲間だった。出てきたのがぼくじゃなくて俊枝で、ドアを閉めた後に頭の中がクエスチョンマークでいっぱいになる青木の表情が目に浮かぶ。

そろそろぼくと俊枝の関係を周囲に黙っているのは難しいなとぼくは思った。そこで、国立市内にある喫茶店、ひょうたん島で行なわれる「並木道」の会議に俊枝を誘った。もちろん詩織ちゃんもいっしょだ。奥のラウンドテーブルの木製のいすに俊枝とともに腰掛け、さして多くはない編集のメンバーを待っていると、青木が入口から入ってきた。ぼくに声をかけ、どうして知らない女の人がいるんだろうという顔で、俊枝のほうを見ていた青木が、「あーっ」と声を出した。青木の顔に、すべてが氷解したという言葉を書いた紙が貼り付けられていた。

結局、ぼくは市内に住む多くはないぼくの仲間たちにぼくたちのことを話し、二人で新しい生活を始めることを伝えた。そして俊枝が妊娠していることも話した。仲間たちは驚きはしたものの、歓迎もしていた。ただ斎藤との関係をどうするのかということは心配された。

今の家ではいっしょに暮らせないので、ぼくはもう少しだけ広い場所に俊枝たちとともに引っ越すことを提案した。俊枝と斎藤とが結婚したままではさすがにそれはできない。斎藤が納得するかもわからない。ぼくは法的に結婚はしないと言っていたので、小さな子どもを連れ妊娠した彼女に対して、酷な選択を提示したと思う。

俊枝は新しいアパートの物件を不動産屋に行って探す一方で、斎藤に連絡をとり事情を話した。斎藤は離婚に応じ、詩織の親権についても「彼は面倒を見なかったから大丈夫よ」と俊枝はぼくに説明した。実際、離婚届を用意して詩織ちゃんを連れて斎藤と話し合ってきた俊枝は、離婚届に斎藤の判を押させ、詩織ちゃんの親権者を俊枝に決めて戻ってきた。斎藤は月に三万の養育費を詩織ちゃんのために俊枝の口座に払い込むことにし、斎藤から連絡があれば詩織は会わせることにしたのだという。

思った以上にあっさりと、斎藤との間の問題が解決し、ぼくはほっとするとともに、二人とこれから作っていく生活についていっそう責任が重くなったように感じた。特に詩織ちゃんについては、ぼくがこれから親代わりになるとはいえ、父親との関係は継続するのだから、常に実父に詩織ちゃんの養育の様子を確かめられる立場になり緊張した。俊枝と詩織ちゃんの姓は俊枝の旧姓の片桐になった。

新しいアパートは、そのころ住んでいたアパートの近くに以前から出ていた空物件の看板の電話番号に俊枝が電話して、家賃も手ごろだったのでそこに決めた。二人の貯金からなんとか引っ越し費用を捻出した。アパートは一階、二階とも二世帯が入れるかわいらしいもので、その一階にぼくたちは入居することになった。入口のある四畳ほどの台所から、三畳の板の間と六畳の畳の部屋が続き、小さな庭に向いて開けていた。

四月の休日、知り合いからハイエースを借り、ぼくの四人の友人に声をかけて引越しを手伝ってもらった。それまでそれぞれの家で荷造りをすませていたので、彼女の家から家財道具を選んで運び、ぼくの家から荷物を運び入れ、引越しはさほど時間もかからずに終わってしまった。

その日ぼくははじめて俊枝と些細なことでけんかをした。俊枝が持ってきた押入れ用の箪笥を押入れの上の段に置くか、下の段に置くかで二人とも譲らなかったのだ。今考えればどちらがどちらでもいい気がするし、実際どっちにしても大して変わらなかっただろう。どちらとも自分の住む場所を自分の思い通りにしたかったし、またそれまでの間はお互いにそうしてきたのだった。しっくりしない思いを抱えたまま生活を続けるのはぼくはいやだったし、俊枝もいやだったのだろう。しかし誰かといっしょに暮らす以上、すべてが自分の思い通りになるわけではないという当たり前の現実を、その日あらためてぼくは確認した。

結局、箪笥は下の段に入るサイズではなかったということで、外形的な要因からどちらに置くかを決めることになった。問題は意見が分かれたときに、どうやって折り合いをつけるかについて二人の間でルールを築けなかったということだ。そしてそれは小さなきっかけにすぎなかった。

ぼくは真ん中の小さな三畳間に机を置いて、たいして忙しいわけではない仕事を始めた。とはいえ、料理や洗濯、掃除などはこれまでひとり暮らしのときに当たり前にしてきたことで、当然二人で分担し合ってするものだと考えていた。それに俊枝も仕事をしはじめるだろうし、そうなれば現実問題として分担しなければならない。

ところが俊枝にいつ仕事を始めるのかと聞くと、「詩織を妊娠した時に、直前まで仕事をしていてすごいたいへんだったのよ」としか返事が来ない。自分では「働くことは好き」と言っていたし、実際そうするという前提でいっしょに暮らすことをぼくは決めたので、今さらそれはないだろうと思ったけれど、強制して働かせるわけにもいかない。それに実際、それで生活ができるのであれば無理にさせることもなかった。

ぼくはそのころ、山岳雑誌の仕事のほかにも、テレビ局の山の番組制作のアシスタントの仕事も始めていて、都心に出かけたり、地方に出張をしたりするようにもなっていた。その仕事による収入はそこそこにあったので、明日から食うに困るということにもならなかった。とはいえ仕事が安定しないのは以前と同じなので、その点についてどうするのか、俊枝がいっしょに考えてくれないのは、共同生活をする上での不満だった。

俊枝は専業主婦を始め、新しい家で洗濯や掃除などの家事をするようになった。ぼくは日替わりで料理の分担をするように提案したり、お風呂掃除を担当したりした。何もしなければ俊枝が家事は全部やったのかもしれない。だけどそれでは、ぼくが家の中のことに、何も口を出すことができなくなりそうだった。それでは自分がそれまで家事をやる中で感じてきた生活上の楽しみも奪われることになる。何よりぼくは俊枝に専業主婦でいてほしいなんて求めていなかったし、「一家の大黒柱」という名目で、収入だけを期待される存在になるなんていやだった。それをわかった上で彼女もぼくと暮らしはじめたと思っていた。

ぼくはテレビ局で番組制作の仕事をするようになってから、出張で東北や北海道の山に登るために、一～一〇日ほど家を空けることがあった。新しい環境に俊枝たち二人だけを残すのは不安だった。それでも帰ってきて「二人だけで大丈夫だった？」と聞くと、いたって平気な顔を俊枝はしていた。

あるとき、ぼくが出張から帰ってくると、詩織ちゃんがアパートの門扉に手を挟まれたと俊枝は言った。病院には行かなかったのかと聞くと、大丈夫だと思ってという。もう手が挟まれてから一週間程度経っていたので、大丈夫なのは大丈夫だったんだろう。それでも骨折でもしていたら後に残るかもしれない。

ぼくは詩織ちゃんのことが心配になり、俊枝に病院に連れていくように促した。詩織ちゃんを病院に連れていった彼女は、骨にひびは入ったようだけれど、もうくっついたから大丈夫という医者の診断をもらってきた。結果的には大丈夫だったにしても、骨折をしていたわけだから、そのことは対応すべきことだったんじゃないかとぼくは思った。何より痛かっただろうから、結果的に平気だとしても一度医者の意見を聞いておけば、子どもにも説明ができて安心させられると思ったのだ。そういうぼくの考えをぼくは俊枝に伝えた。

だけどぼく自身も詩織ちゃんの世話ははじめたばかりで、彼女の子育てにどの程度口を出していいのか遠慮もあった。そう思うんだったらぼくが仕事を休んで詩織ちゃんを病院に連れて行けばいいのだ。

結局ぼくもご都合主義的に家族のことを俊枝に任せる部分があった。でも問題は、お互いの役割やその分担が二人の間で共通認識としていつまでも決まらないことで、決まったとしても不満を持ち続けていたということだ。

ぼくは共同生活なんだから、ルールはいると思っていた。俊枝は家族なんだからそんなこと決めるなんて、と言っていた。だけど家族がどういうものかなんて二人の間で合意はなかった。まるで毎日がママゴト遊びみたいのようだった。

＊

ある日、俊枝の父親がぼくたちが暮らすアパートを訪ねてきた。ぼくは緊張した。

ぼくは俊枝と暮らすにあたって、彼女の父親と会わせてほしいと頼んだ。いっしょになるんだから挨拶はしておかないと、と思った。俊枝は私から連絡しておくからと言って、引っ越す前にはその機会を作ってくれなかった。彼女の父親の、親としての心情を思えば、やはり父親と会う機会を作ればよかったと思う。

結局、ぼくはそれもしないまま、俊枝の父親が家にいないときに、彼女といっしょにアパートから必要な荷物を運び出した。実際俊枝の父親は家には不在がちのようだった。娘と孫が荷物といっしょに突然いなくなったのだから、孫と娘を奪われたと思われてもしかたがない。

義父は俊枝が小さいころは会社の社長をしていたというので、ダンディな方を勝手に想像していたけれど、むしろくだけた感じの人で、ややウェーブのかかった長めの髪をしていて顔立ちが彼女によく似ていた。このところ彼女が不在がちだったので、仕事にでも出ているのかと思っていたら、あなたといっしょになったと連絡がきた、と若干戸惑っているようだった。ぼくが詩織ちゃんとも普通に接しているのを見て、何も言わずに帰っていった。既成事実を見届けたという感じだった。

次に俊枝が手紙を出し、神奈川県に住む彼女のおばあさんに会いにいった。電車とバスを乗り継ぎ、二階建ての木造住宅にたどり着いた。言葉数の多くはないおばあさんに挨拶をし、入口に続く小さな座敷で出前のピザを食べた。身内として通されるというよりは、お客さんとして対応してもらっているような感じだ。

何度か来たことのある詩織ちゃんの相手を、おばあさんが奥の部屋で一人でしていた。それを見るという形でぼくたちも奥の部屋に行った。俊枝がおじいさんの遺影が飾られた仏壇に手を合わせるのを黙って見ていた。ぼくは人付き合いがどういうもので成り立っているのか、あまりに知らなすぎた。歓迎されたのかされないのかよくわからないまま、おばあさんの家を辞した。

俊枝の親族と打ち解けた付き合いはできるのだろうか。俊枝に結婚式をしたいかと聞いたことがある。彼女は結婚式はいいけど記念写真を撮りに行きたいと言った。結局、その機会もないまま終わってしまった。どこでどうすればそういう写真が撮れるのかぼくは知らなかったし、それを彼女のために見つけてこようともしなかった。そして俊枝が「もういい」と言って、その話は実現しなかった。俊枝のお兄さんとは会わないままだ。何がどうなったらいったい家族になるのだろう。

それでもぼくは俊枝がどういう環境で育ったのか、なるべく知りたいと思った。埼玉の自宅は今はないけれど、育ったところに案内して欲しいと俊枝に頼んだことがある。俊枝は「工場があるだけだよ」と気乗りのしない返事をしていた。小学生のころには彼女も一人で、埼玉の自宅からおばあさんの家まで訪ねていったことがあるという。

俊枝は三つのときに両親の離婚で母親と生き分かれている。以来兄とともに父親に育てられ、母親とは会っていない。彼女に母親には会いたくないのかと聞いたことがある。私は記憶もないし、会いたいとも思わない、というのが俊枝の答えだった。一度若い女性の写真を自宅で発見したことがある。「これお母さん?」と俊枝が父親に聞くと、父親は怒った。それを聞いてぼくは寂しいなと思った。生きているならどこかでもう一度会えるといいのに。

＊

俊枝をぼくの家族に紹介するのはもっとややこしかった。

なにしろ、俊枝はぼくが親にはじめて紹介する恋人で、もう妊娠していて、その上俊枝には詩織ちゃんという子どもがいて、その時点では話はある程度進んでいたとはいえ、まだ斎藤との離婚は成立していなかった。そんな話を聞いて親が驚かないわけがなかった。もちろん親たちからは説明が求められ、ぼくは俊枝と詩織ちゃんを連れて大分の実家に里帰りした。

大分へは大阪まで新幹線で行き、神戸からフェリーに乗った。新婚旅行をするような蓄えはなかったので、時間をかけて旅を楽しむことでその代わりにしようと思った。二等客室の船室では、詩織ちゃんが動き回ってはしゃいでいた。フェリーが別府湾に入港し、出迎える扇山の風景を二人に見せたいと思った。フェリーが着いた先の別府で温泉に入った。妊娠している俊枝に砂湯は無理だった。

電車を乗り継ぎ、大分市から三〇分ほどのぼくのふるさとの犬飼町に着いた。ぼくの実家は駅から坂を登っていった先の高台にある。そのころは、帰ったらいつも駅から実家まで歩いて帰っていたので、二人を促して歩きはじめた。テレタビーズの人形をなんとか歩かせようともたもたする詩織ちゃんに「早く」と言うと、俊枝が癇癪を起こしていた。

結局、坂道の途中で車で迎えに来た母親に拾われ、妊娠しているのに歩かせてとぼくは小言を言われた。実家で父に二人を引き合わせた。

「お前は詩織と生まれてくる子どもと、平等に自分の子どもとして見る覚悟があるのか。それは約束できるか」

父はぼくに聞いた。父がわざわざそのことに念を押したのには理由がある。父は戦争で自分の父、つまりぼくから見れば祖父をなくし、その後妹とともに自分の祖父母や叔父さん夫婦に育てられたのだ。母親は父と妹を「家」に残して再婚した。以来父は、成人してから一度だけ母、つまりぼくの祖母と会ったきりで、その後は会ってはいない。大学で知り合った母と卒業後に結婚し、家に土地を分けてもらい、まだ若いうちに小さな家を建てた。二人とも教員だったので収入は少なくとも安定していたのだ。そして姉と兄とぼくが生まれた。ぼくたち兄弟は、今もどこかで生きているかもしれない祖母と一度も会ったことがない。

ぼくが父の問いに「約束する」と答えると、「夫婦っちいうもんは作っていくもんじゃや。私たちもいろいろあったけんど今はいっしょでよかったと思う。二人ともそれは理解しよ」と言った。父はぼくに、「籍は入れておけ」とも念を押した。

ぼくが否定すると理由を聞かれた。事実婚がある中で、ぼくとしてはなぜそうしなければいけないのかをむしろ聞きたかった。戸籍制度が家制度に起因するもので、本来二人の間の問題である結婚を家の問題にしてしまうという程度の知識はあった。問題のある制度に疑問を持ったまま入っていくのは抵抗があった。いったい籍を入れればそれで家族になるのだろうか。逆に籍を入れなければ「一人前の」家族として認められないのだろうか。

それでも逆になぜ籍を入れてはいけないのかと聞かれれば、それもまた必ずしも確信を持った答えがあるわけでもなかった。なぜなら、こうやって両方の親にそれぞれのパートナーを紹介し合うという行為は、親のことを思う子どもとしては自然なことでもあるにしても、一方で伝統的な家制度の発想でもあったからだ。両親から見れば俊枝は「お嫁さん」だった。実際彼女は「私は嫁なの？」と聞いてきた。ぼくはみんなといっしょになることに反発するだけで、みんなといっしょでないことの意味を深く考えてはいなかった。俊枝に意見を聞くこともなかった。

電話口でぼくのした行為をとんでもないことと捉えていた母親も、もう俊枝を受け入れることは決めたようだった。母が父と俊枝とぼくと詩織ちゃんを撮ったこのときの写真は、ぼくたち夫婦が別れて写真が散逸した中でも、ぼくの手元に残っている。あどけない表情の詩織ちゃんが大人たちの間でちょこんと座っている。

ぼくは詩織ちゃんを「詩織」と呼ぶようになっていたし、二人とも俊枝と充と呼び合っていた。それを真似て詩織も二人のことを、俊枝、充と呼んでいた。父と母をどう呼ばせるか考えた。ファーストネームのまさのりさん、あきこさんと呼ぶのはどうかというと、父は喜び母は「おばあちゃんがいい」といやがった。

表でカエルの声がする座敷で電気を消した後、俊枝が「『お母さんからね、充を変えられるのはあなただけだから、よろしくお願いします』って言われたわよ」と言っていた。

母によれば、このとき母親は、「充の考えで籍を入れなくってごめんね」と俊枝に謝っている。俊枝は「私は気にしませんから」と母親に答えたのだという。詩織を連れた俊枝がその上妊娠していると聞かされたぼくの母親が、動揺して父にそのことを言うと、父は「いっぺんに孫が二人もできた」と喜んだという。「お父さんがそう言うてくれてホッとしたわ」と母は言った。

子どものいる母親といっしょになることも、それが籍に入っていないという形式であるということも、母の親戚にも父の親戚にも誰一人いないことだった。だから母にとっては周りに説明のしようがなかったのだろう。そんな母に対して、父は自分の経験から、周囲への世間体よりは、子どもたちが平等に親を慕うことができる環境を整えることをぼくに求めた。それは夫婦というよりも、親として家族をつくることの責任を、ぼくに求めたということだ。必ずしも俊枝の立場を尊重していたとは言えないにしても、それは詩織と生まれて来る子の立場を父なりに考えてのことであった。いったいこれは家制度なのだろうか。

*

ぼくと出会ったころ、詩織はまだ言葉もたどたどしい小さな子どもだった。俊枝のおっぱいをよく吸っていた。俊枝を国立駅まで送っていくときには、ぼくが詩織を抱っこした。父親と会っていない詩織にとって、ぼくは身近でその代わりをしてくれる大人だった。すぐにぼくが肩車をしたり両手を持って詩織を回したり、傍目には父親のように見えただろう。

詩織の父親は都内に住んでいたので、ぼくたちがいっしょに暮らすようになってからしばらくして、詩織に会いに来るようになった。その前にぼくは俊枝に父親に会わせるのがいいのかどうか、聞かれたことがある。

「詩織にとってはお父さんが二人いることはいいことなんじゃないの。良平パパと充パパでいいと思うよ」

そう答えたぼくに「そんな考えもあるんだ」と俊枝はかなり驚き顔だった。

ぼくからしてみれば目の前に詩織がいて、父親が会いたがっているのに、会わせないなんて考えられなかった。そんなことをすればぼくが詩織の父親を奪ったことになる。俊枝といっしょになったのはぼくたち大人の都合であって、それはそれで男女間の問題として説明できたとしても、父親に会わせないなんて、いっしょに暮らしているのに詩織に示しがつかない。それに俊枝は斎藤からは毎月詩織を会わせる代わりに、養育費を口座に振り込んでもらう約束をしていたし、実際に振込もあった。それで揉めさせる気もなかったし、そんなことをすれば、ぼくは斎藤から子どもを奪う目的で俊枝といっしょになったということになる。

ぼくは、俊枝が斎藤と暮らしていたときの写真を見えるところに出していたのを見て、「とっておくのはいいけどぼくが見えないところに置いてくれるか」と頼んだことがある。それは斎藤への焼きもちではあるのだけれど、俊枝は「あなたそういうこと言う人だとは思わなかった」と言って、アルバムから斎藤の写真だけをぼくがいる前で剥がして片付けた。そういうことじゃないんだけど。

斎藤が離婚に応じ、親権を譲ったとはいっても、ぼくが斎藤の感情を恐れていなかったかと言えばうそになる。

詩織は国立駅の近くや、家の近くの施設で俊枝とともに斎藤と会った。斎藤はあまり子育てにかかわったことがなかったし、だから親権を譲ったと俊枝は言ってはいたけれど、たしかに時間を持て余しているところもあったようだ。行く宛もないので、家の近くで詩織と斎藤が会うこともあり、まだ小さい詩織に結局は俊枝もつきそうので、ぼくは俊枝が詩織を斎藤に会わせている間、家を空けることにした。道で詩織と遊ぶ斎藤の姿を見ることもあった。別れた親子がどうやって会っているのか、良平パパと詩織、そしてぼくと俊枝にもモデルはなかった。

俊枝の母親友だちに聞いても、「会わせたほうが子どもにとっていいのか。どうなんだろう」と判然とした答えはなかった。ぼくも、近所で斎藤が会うことについてはあまりいい思いがしたわけではない。かといって、そういう事態を招いたのは自分なので、そのことに何かを言う立場にないし、一方で斎藤が詩織の父親としてかかわってくれることは、親としての責任を分け合うという面でホッとするところがないとも言えなかった。ぼくの両親は、定期的にぼくが詩織を斎藤に会わせているのを知って、おかしいのではないかとぼくに注文をつけ、ぼくはそれに対してはその考えは入れられないとすぐに応じた。自分が逆の立場に置かれれば、子どもに会えなくなるなんて耐えられないだろう。父親と会った後にプレゼントのカエルの人形をもらって、それで楽しそうに遊ぶ詩織を見れば、そんなことができるわけがない。お父さんなのだから。

一方、俊枝は斎藤の母親からの電話に出ないことはあったし、斎藤を呼び出すためにぼくに電話を頼むこともあった。ぼくはなぜ電話に出ないのかと聞いたけれど満足な答えはなく、彼女が本来すべきことをぼくがすることは以後断った。

一度、近所で斎藤と会っていた詩織が自宅のトイレを利用するために、一人で戻ってきたことがある。表に斎藤が来ているのが見えてドキッとした。俊枝も家に戻ってきて、「良平があなたに会いたいと言っている」と伝えられた。詩織をあずかってもらうので挨拶をしたいということだった。ぼくはそれに応じなかった。それは斎藤に会うことで何か非難めいたことを言われるのかもしれないという、ぼくの了見の狭さだった。一方で、あずかるといっても、これから先も斎藤が詩織の父親であることは変わらないわけで、なんだか筋違いな気がした。

ぼくは表に出て、たとえ斎藤がぼくの行為を非難したとしても、詩織をあずかる側の人間として、「たとえ詩織がぼくのことを父親だと思うようになったとしても、あなたが父親であることに変わりません。これから先もずっと会いに来てください」と説明するべきだった。そのころのぼくには、それを言うだけの言葉も覚悟もまだできていなかった。一方で、俊枝は詩織を連れていって三人で食事をして帰ってくることもあって、それはおかしいんじゃないかとぼくは注文をつけた。数カ月して、月に一度程度詩織に会いに来ていた斎藤は、自分から連絡を取って詩織に会いに来ることがなくなった。

ぼくは詩織には俊枝とぼくのことを、それぞれの名前で呼ばせていることに最初はこだわっていた。俊枝もそれに合わせていた。ある日、詩織から「パパ」と呼ばれたぼくは、「パパじゃないよ。充だよ」と答えたことがある。そのとき詩織の目からツーっと涙が流れた。そのときのことは俊枝にも責められたけれど、結局、ぼく自身も自分の考えばかりにこだわって、詩織が安心して暮らしていけるためにぼく自身がどう振る舞うべきなのか、覚悟ができていたとは言えなかった。

俊枝は「養育費は子どもの権利だから」と、斎藤から自分の通帳に月三万の額を払い込んでもらっていることは当然のものとしていた。それはぼくたちの生活費としてけして少なくない割合だった。斎藤が詩織に会いに来なくなって、それも途絶えた。

結局、養親としての感情と、俊枝のパートナーとしての感情と、ぼく自身、たとえ分けて整理できていたとしても、その整理が俊枝や斎藤と共有されていなければ、ぼくの感情が、詩織と斎藤との親子関係に影響してしまうのは避けられない。斎藤は自分が詩織にかかわることで、養育親としてのぼくの感情を害すると考えて引き下がったのだろうか。それとも自分の娘が他人に育てられながら自分がたまにしか会えない現実にがっかりしたのだろうか。

それに、月に数時間程度しか子どもと会えもしないのに、数万の養育費を払うためにバイトをするのは負担にも思えるだろう。サラリーマンではない斎藤にそれはけして軽くはない金額だったかもしれない。そしてぼく自身は、斎藤が詩織に会いに来なくなることによって、斎藤に言われるまでもなく、詩織の父親としての役割を負う立場になっていた。

＊

俊枝たちと暮らしはじめて半年が経った。九時に寝て五時ごろ起きて仕事をする生活が続いた。六時半になると外に出て雨戸を開け、七時に俊枝たちを起こして朝食の準備をする。家にいるときはそんな生活が定着していた。

今日も冬晴れのいい天気だと雨戸を開けながら思った寒い日、朝食の準備をしていると、俊枝が今日は仕事を休んでほしいと言った。そのころぼくは、番組制作の仕事で都心に行くことが少なくなかった。その日俊枝に陣痛がありお産が始まった。

家を借り、親に相手を紹介し、次に乗り越えなければならないのは、俊枝のお腹の子をどうぼくたちの家庭に迎えるかということだった。ぼくの兄弟には子どもはいないので、周りで出産を迎えた親族はいなかったし、親しい友だちの中にはまだ子どもがいるどころか、結婚すらしている人がいなかった。出産は二度目になる俊枝は、国立周辺の助産院で詩織を産んでいたので、ぼくは彼女の経験に頼った。

この助産院は地域では有名な助産院で、そこで子どもを産んだ母親たちは、出産後も助産院を中心として集まってネットワークを作っていた。俊枝はその助産院の院長のお弟子さんの助産師に連絡をして、自宅で産むと宣言した。助産師に子どもを取り上げてもらうことについては、ぼくも病院での出産が必ずしもいい環境ではないという程度の知識は、俊枝から聞いて知っていたので反対はしなかった。だけど自宅で産むとなると、ちょっと、というかかなり心細かった。

そのことでぼくは俊枝と対立してけんかをした。赤ちゃんが産まれるときには騒々しくなるかもしれない。隣近所、といっても同じアパートの人たちに事前に事情を話しておこうと思ったのだ。なぜか俊枝はそれに反対した。

ぼくはこのときはじめて俊枝の顔をひっぱたいている。子どものためにいい環境を整えようとしているのに、俊枝は「あなた子どものこと何も考えていない」というのだ。その言葉は許せないとぼくは思ったのだけれど、手を出すのは間違いだった。彼女のほうもなぜぼくが、そのことで暴力をふるって怒るのかわからなかったようだ。ぼくのほうも自宅出産で不安が高まっていた。父親であろうとすることにぼくは過剰だったのだろう。

それでも三人で産院に検診を受けに行って、お腹の子どもをエコーで見たときには、自分の子どもが産まれることに不安半分、嬉しさ半分だった。出産が近づくと、助産師さんが家にやってきて俊枝の様子を見ていった。ぼくの気持ちがどうあれ、出産の準備は着々と整えられていった。

詩織のときには、陣痛が始まってタクシーで遠くの助産院まで荷物を持って移動したという。それがない分、俊枝は楽だというのだけれど、家にいる大人はほかにはぼくしかいない。助産師さんが帰れば、まだ動けないだろう俊枝と詩織と新しい赤ちゃんの世話は一手にぼくにかかる。妥協案として、陣痛が始まったらすぐにぼくの実家からぼくの母親を呼び寄せて、しばらくいっしょに暮らしてもらうことにした。出産に必要なものはあらかじめ俊枝が用意した。

早速母親と助産師の菊田さんに電話をした。部屋を片付け、朝食の準備をしていると、菊田さんがタクシーに乗って現れた。人当たりのやさしい方で、詩織がはじめての出産でいろいろとちょっかいを出そうとするのを、ママゴトの相手をしたりしてうまく接していた。一方、男がお産で用意することなんて、お湯を沸かすくらいのことしかない。

やがて俊枝がトイレに立つと、いよいよ生まれそうだという。布団の上で産む姿勢になり、ぼくも彼女を抱きかかえるようにして支えた。外は寒いだろうけど、青空から窓を通して差し込む光はやわらかく暖かかった。

昼過ぎに赤ちゃんが生まれてか細い泣き声を立てた。俊枝が抱き上げ、ぼくがのぞき込む。女の子だった。顔中しわくちゃで、体は真っ赤で、だから赤ちゃんなのか。うれしいというか、やっと終わったと実感が湧くまで時間がかかる。「立派な胎盤ね」と言って菊田さんが胎盤を取り出し、しばらくしてへその緒をぼくがはさみで切った。俊枝はうれしそうに赤ちゃんにおっぱいをあげ、詩織は「ほら赤ちゃんだよ」とみんなに言われてもキョトンとしていた。ビールを買ってきて俊枝と二人で乾杯した。

詩織はみんながそわそわしている雰囲気に、自分も仲間に入れてほしいのか、菊田さんのお産道具に手を出したりして落ち着かず、ぼくはそれを見てイライラしていた。お昼ご飯の準備を台所でしていると、詩織がお菓子をねだった。気疲れで取り合わないでいると、向こうの部屋から今度は詩織の鳴き声が聞こえてきた。

ぼくに邪険にされたから、俊枝にとりあってもらおうと思ったら、赤ちゃんがおっぱいを飲んでいた。俊枝に「詩織を叱らないで」と言われて詩織に意地悪だったなと後悔した。詩織は「赤ちゃん、向こうに行って」とか「赤ちゃんいやだ」と言っている。結局最後は、できたばかりの妹といっしょに二人で並んで俊枝のおっぱいを飲んでいた。菊田さんは、そんな子どもたちの様子を見ながら、「しょうがないのよ。上の子は赤ちゃんが憎いんだから」と言って帰っていった。

やがて大分から母が到着し、詩織といっしょに迎えに行った帰り、途中でケーキを買ってお祝いにした。ぼくは赤ちゃんを見て思った。ようこそ、ぼくたちの散らばった世界に。

＊

一二月半ばのその日から、生まれた子どもの名前をどうするかの長いたたかいが始まった。いろいろ二人で意見を出し合ってもお互い気に入らない。なんでまとまらないんだと焦った。晴れていたから「ハル」でいいんじゃない、とぼくが言えば、俊枝は「花」の字を入れたいと言った。結局、俊枝の提案を受けて菜種にした。生まれた日に差していた陽光に似合う花の名前にしたのだ。決まったのは出生届の提出期限の三日前だった。

ぼくたち兄弟の出産は三人とも病院だったので、母は夜中に赤ちゃんが寒くて死んでしまっているのではないかと心配して、眠れなかったのだという。朝、大丈夫なのを見て母は、「生まれたばかりなのに、もう人間の中で生きよるんよなあ」と呟いた。母は一〇日ほど滞在して大分に帰っていった。一年あまりの間に、家族は四倍になり、いっそう慌ただしい毎日が始まった。


ただ、菜種をどうやってぼくたちの暮らす社会に迎えるかは、まだ一手間も二手間もあった。

実は菜種が生まれたのは、俊枝の離婚が成立してから三〇〇日以内だったので、民法七七二条の規定によって、俊枝の前夫の斎藤の子どもという形で戸籍上登録されることになる。出生届を出すと自動的に菜種は斎藤の戸籍に入るのだ。役所の市民課の窓口で役所の人があれこれと調べていたけれど、出生届も菜種の姓は斎藤として提出せざるをえなかった。出生届が出せなければ菜種への公的な扶助は受けられない。

ぼくはまだ菜種が産まれる前に、友人の弁護士の駒宮隆と相談して、俊枝と結婚すれば菜種とぼくとの親子関係の登録ができるのかと聞いた。駒宮の答えは、そうしたところで三〇〇日規定の適用は免れないということだった。親どうしの関係が、誤った親子関係の登録をしてしまうという結果につながるのであれば、そうまでしてぼくたちが同じ戸籍に入らないというまでの強い信念があるわけでもなかった。しかし適用が免れないのなら、いったん事実婚で行くと決めたことを覆す理由にもならなかった。

通常であれば結婚時に生まれた子どもの父親は、母親の結婚相手の子どもとして自動的に登録される。ところが、離婚後三〇〇日以内に生まれた子どもの場合はそうはならない。離婚前の前夫の子どもとして登録されるのだ。ＤＮＡ鑑定などなかった時代に、妊娠期間をカウントして、生まれた子どもは前夫の子と推定するという民法の規定は、法律ができた時代には合理性があったのだろう。しかし、親子関係の不存在を確認するための申立は、前夫の側からしかできない。前夫から協力を得られない場合には、無戸籍のまま、子どもに代わって母親から認知の申し立てを遺伝上の父親にし、親子関係を登録するという形で、運用上の変更が現在ではなされている。当時はそれもなかった。

ぼくが菜種の父が戸籍上斎藤になることがわかった上で出生届けを出すことにしたのは、俊枝が斎藤に連絡して事情を話し、斎藤のほうから親子関係不存在の調停を起こしてもらえるという見込みが事前にあったからだ。斎藤のほうからしてみれば、扶養義務という面で、見ず知らずの子どもの責任を負わされる理不尽さはあるものの、婚姻中に別の男との間に子どもを作った別れた妻からの頼みに応じる謂れはない。だから今考えてもよく協力してくれたと思う。そのころ、四人家族の家に、ぼくの姓の宗像と、俊枝と詩織の姓の片桐と、菜種の姓の斎藤と、三つも姓があったことになる。

菜種が生まれてしばらくして、俊枝は詩織と生まれたばかりの菜種を連れて、八王子にある家庭裁判所に出かけていった。このころには斎藤はもう詩織に会いには来なくなっていたので、この機会に詩織を斎藤に会わせるという意味もあった。俊枝と斎藤の間では、菜種が斎藤の子ではないという合意はできた上で、斎藤も裁判所に足を運んでくれたので、裁判所ではすぐに親子関係の不存在が確認されるものと、ぼくも俊枝も斎藤も思っていた。

ところが裁判所は、不存在を確認するためにDNA鑑定をするようにと言ってきた。その費用が一〇万円かかるという。斎藤も鑑定に協力することになるので、手続きの煩雑さに、「お互いの子でないということがわかっているんだから、このままでいいんじゃないか」と斎藤は俊枝に言ったという。それはそれで一つの言い分だった。俊枝は「こういうことはきちんとしておかないと」と斎藤に答えたという。戸籍の父母の欄というものは一生消せないのだ。菜種がどこかで手続きをするたびに、父親が自分とは関係のない人になっているというのは、たしかにいやだろうし、ぼくもいい気持ちはしない。

とはいえ、その費用の一〇万円を、わざわざ八王子まで足を運んで協力してくれた斎藤に求めるわけにもいかない。法的な要件にもなっていないDNA鑑定を裁判所が求めること自体おかしいことだし、たとえそのことでどうにもならないとしても、俊枝が一言くらい疑問や不満を裁判所に言ってくれてもいいとぼくは思った。そのころ、俊枝とぼくの会計はいっしょになっていた。だから結局ぼくの稼ぎの中から費用を出すことになるわけで、ぼくはその理不尽さに納得がいかなかった。一言返事をする前に聞いてくれればと思った。そのことで俊枝に文句を言ったけれど、俊枝はこっちがお金を出すしかないじゃないと、裁判所に言われるままだった。

結局、どこのうちの子になるかなんて、当事者どうしじゃなくて、国が決めることなのだ。そして女は国から信用されていない。

すったもんだの末に菜種の姓は片桐になり俊枝は喜んでいた。別にそれで親子関係が強固になるわけでもないので、それを見てぼくはちょっと意外にも思った。一方で、こんなに家庭内で姓が分かれていることに煩雑さを感じるのなら、俊枝と別々の姓にしておく必要も今度は強く感じなかった。親子関係を戸籍上明確にすることで、親としての責任を果たそうというのであれば、結婚や養子縁組という戸籍制度に乗っかった登録方法によって、俊枝や詩織に、夫や父親としての法的な保障を与えないということは、矛盾しているようにも感じた。

このことについては、ぼくは親だけでなくて周囲のシングルマザー経験者にも、籍を入れて責任を果たすように言われてもいた。女性の側からすれば、妊娠して出産するわけだから、その間に結婚していないからと男に逃げられれば不利な状況になる。結婚していれば離婚するにしてもその際に男に対して責任を果たすように求めることができる。この場合の責任というのは婚姻費用や養育費など、もっぱら経済的なものだ。特にぼくの収入が安定していないから周囲はいっそうそう感じたのかもしれない。

でもそのころのぼくはそういった点についてあまり深くは考えていなかった。彼女は仕事をしていなかったので、事実婚が家制度によらず、互いに自立して支え合う点に力点を置くものであるとするなら、ぼくたちはそれにも当てはまってはいなかった。そんなことを考えると、籍を入れないことで何を守っているのかがわからなくなってくる。菜種が婚外子になって法的に差別される対象になりうるということも、ぼくは深くは考えていなかった。ましてそのことで自分が不利になりうるということも、あまり考えてはいなかった。

住民票には、俊枝が世帯主で、ぼくは「夫（未届）」という形で記載されることになった。直接的には俊枝とぼくが結婚していないことで、ぼくが確定申告をするとき、俊枝を扶養控除に入れられないという影響があった。税金は結婚していたほうが安い。収入が増えれば影響することもあるだろう。だからぼくはそのことを俊枝に話して籍を入れるかどうか聞いた。

「私はもう姓を変えるのはいやよ。どっちかということなら、三人いるんだから多数決で姓は片桐ね」

と俊枝は明るい声で言った。ぼくも宗像の姓を変えようとはそのときは思わなかった。結局、ぼくたちは別姓ということで落ち着いた。

第2章 一家離散

俊枝といっしょになるとき、俊枝は自分も働くと言った。だけどその約束は守られないままだった。菜種が産まれるまでは、ぼくもたまたまその時期に声をかけられた番組制作の仕事をしていたので、安定はしていなかったけれど、収入はこれまでよりもあった。でも、都心に出かけて言われたことだけをこなす仕事に、ぼくはあまりやり甲斐を感じていなかった。自分の取り組むテーマで文章は書いていたものの、それも日常生活に流されがちだった。収入を得るためだけに都心に通うのが苦しくなって、ちょうど一年の業務委託が切れる機会にぼくはその仕事をやめることにした。そのことについて俊枝に言うと、「しんどいんなら続けなくてもいいんじゃない?」と返ってきた。

母親からはぼくと俊枝がいっしょになったことで、結婚祝いとしてまとまったお金を渡された。姉が結婚したときも同じようにしたというのだ。ぼくは自分たちのことは自分たちでしていきたいからと、このお金を生活のために役立てるのはいやだった。それに、俊枝といっしょになることで、まとまったお金が必要になるというわけでもなかった。結局使い道が決まらず、そのお金を俊枝に渡すことにした。今考えれば見栄を張っていた。

じゃあ自分一人で新しい家族を養うことができるのかといえば、現実問題そうはなっていなかったし、そうしたいとも思っていなかった。どういう理由で一家の大黒柱にぼくがならないといけないのだろう。毎月の収入は少ないとはいっても、自分の分と子どもを養う分くらいの収入はあったので、俊枝が自分の収入を自分で賄ってくれれば、子どもがいても家族で暮らしていけるはずだ。

でも俊枝は菜種の妊娠を理由に、経済的な面で家庭に貢献しようとはしなかった。「私詩織がお腹にいるときに仕事をしていたけど、すごくたいへんだったんだから」。それが俊枝の言い分だった。そう言われれば男は何も言い返せない。

それでも生活が成り立てばそれでいい。でも実際には、収入が途絶えれば貯金を切り崩さないとならない。たしかに彼女は仕事のキャリアもないし、いい労働条件で働けるとも限らない。でもそれはぼくも同じだった。ぼくからしてみれば、それがわかった上でぼくといっしょになったわけだし、詩織のときに仕事ができて、なんで菜種のときにはそうじゃないのか、納得のいく理由もない。その話題を出すと彼女は怒った。周囲は家族を養うために、彼女ではなくぼくの努力を求める雰囲気だった。それがどうやら「身を固める」ということのようだ。

これはぼくがはじめて彼女に感じた不信の種で、結局この不信は最後まで拭うことはできなかった。ぼくは約束というのは、状況が変わっても守るから約束というのだと思っていた。しかし俊枝は、「状況が変われば約束も変わる」とぼくに対して公言した。俊枝は、私は三歳で母親と別れたから、子どもが三歳になるまでは子どもといっしょにいたいと今度は言うようになった。約束を違えて当面家計を助ける気もない人のために、身を粉にして働こうという気にはぼくはなれなかった。

ぼくの編集の仕事や書き物の仕事で、彼女にできるものがあれば頼むこともあった。自営業なので家業を分担するということになる。雑誌の読者からの手書きの投稿を活字に起こしてもらう仕事を何回か頼んだ。それは実際に助かるのだけれど、一度俊枝の仕事のやり方に注文をつけたことがあった。注文をつけたぼくに、俊枝が「頼んでおいてなんだ」という剣幕で、ぼくを非難しはじめた。たとえぼくの言い方に問題があったとしても、そんなにまで言われる筋合いはないので、以後自分の仕事を俊枝に任せることはやめた。彼女に罵られれば仕事にならないので、かえって仕事に影響が出るからだ。

ぼくは俊枝と暮らしはじめてしばらくして、自宅で仕事をすることをやめて、若干の使用料を払って、国立市内で市民団体が運営しているフリースペース、スペースFの事務所に机を置いて、そこで日中は仕事をするようになった。家で仕事をすると何かの機会に俊枝とケンカをすることがあり、それを避けるためだった。結局ぼくは、他人と家族を作るということの意味をあまり考えないまま、俊枝といっしょになったのだろう。

ぼくには、登山で山仲間たちと一つの目標に向かって取り組むことが何度かあった。出身の山岳部は少人数でそんな機会は限られていたけれど、他大学の山岳部の仲間たちといっしょに山に行く機会は多かった。だから似たようでいて違う文化のもとで経験をつんだ人間と、一定期間寝食をともにすることはよくあった。そこでは、むき出しの感情をぶつけ合うことも少なくないけれど、目標に向かっての信頼感もあった。登山であれば、いやな相手やどうしても意見が合わない相手とは、パーティーを解消することも自分の選択だった。家族であってもそれはできるかもしれない。でも俊枝とぼくの間には、まだ生まれてもいない子どももいたし、俊枝とうまくいかなくても詩織との関係はまた別物だった。俊枝と別れるという選択は、周囲の反発も受けながらいっしょになった自分の失敗を認めることになるのだから、そんなにたやすくは選べない。

いっしょに暮らす以上、家庭生活を維持していくために、ともに考えて結論を出していかなければいけないことは、ぼくたちの間でもある。それを主体的に提案したり、ぼくの意見に対し自分はこう思うから、というふうに俊枝が話すことはあまりない。合う合わないということはあっても、折り合いをつけるということが彼女との間では少なかった。でもぼくたちは大金持ちではないのだから、相手との間で何らかの結論を得なければ、家庭生活自体が経済的に立ち行かなくなる。

結局、家族として何を相手に求めるかという点で、ぼくと俊枝は最初から一致していなかった。それを最後までぼくのほうで埋めることもできなかった。性的な生活だけで、それらの溝は埋められるものなのだろうか。それがなくなったときに、夫婦に残るものはいったい何なのだろう。

ぼくと俊枝との考え方の違いが明らかになったものの一つに、詩織をどこの園に通わせるかということがあった。

もともと俊枝は詩織をあずけて働くと言っていた。それが俊枝の妊娠で「なかったこと」になった。それはぼくにとっては、自分が立っている地面が揺れるような経験だった。菜種が生まれてから菜種と詩織に加えて俊枝の生活をぼく一人が賄っていくなんて、ちょっとぼくには考えられなかった。テレビ局の仕事もやめていた。自宅でできる仕事でもなんでもいいから、俊枝に協力してもらわないと、生活の先行きが立たない。

それには詩織を一定時間誰かに見てもらう必要はあった。そしていずれは菜種もあずけるしかない。それに詩織自体も、保育園のそばを通ったりしたときに、同年代の子どもたちがたくさんいる園庭を見て、「保育園に行きたい」と言うようになっていた。

そんな自分の考えをぼくは俊枝に説明した。菜種が生まれた次の年度替わりの四月から、詩織をどこかの園に入れるということは、俊枝も念頭に置いていたと思う。

俊枝は主に育児中の女性を対象にした公民館の講座に出席して、そこで詩織をあずけるという経験もしていた。俊枝が三歳までは子どもといっしょに過ごしたいと言ったとしても、その経済的な裏付けはなかった。俊枝はそのためだったらぼくの母親からもらったお金を使いたいとも言った。母親からのお金はたまたまのものだし、母親も生活費として渡したわけではないだろう。それで三年も生活がもつわけでもない。

結局、保育園の園児の保護者が開く、園の説明会に出席したのはぼくだった。俊枝は詩織を、保護者が園行事や運営に積極的にかかわる幼児教室的な幼稚園に行かせたいと言った。助産院でのママ友に子どもを通わせている人がいて教室の様子を聞いていたのだ。

幼稚園と保育園とでは、幼稚園のほうが料金が高い。幼児教育のための幼稚園と違って、保育園は働く親が子どもをあずける場所だからだ。俊枝が詩織を通わせたかったその教室と市内の公的助成の対象になる保育園との間で、若干の料金の違いはあったけれど、それは桁外れの違いというわけではなかった。

問題はその園に子どもをあずければ、出費だけが増えて収入にはつながらないということだ。園へのかかわりが多い幼児教室に子どもを通わせて、それで俊枝が仕事の時間を確保するのは難しいし、実際俊枝にその気はなさそうだった。詩織の教育のために園に通わせるのであれば、大人の家族の一員として、俊枝も経済的な側面で協力してもらわないと。

実際にぼくはそんな考えをポツポツと俊枝に説明して、幼稚園は難しいと言った。俊枝はその説明に納得しなかった。料金の差しか見なければ、無理そうには思えないからだ。自分も内職をすると俊枝は言ったけれど、だったらもう始めているだろう。

結局、詩織は近所の私立保育園に通わせることができた。料金は公立と私立で違いはない。行政の援助があるからだ。俊枝はぼくの自営の仕事をフリースペースで手伝うという理由で審査が通った。俊枝もボランティア的にフリースペースのスタッフの仕事に入っていて、若干の謝礼ももらっていたので、必ずしも実態がなかったというわけでもない。当時、たびたび俊枝に子どものことや家のことで難問を持ち込まれていたぼくは、俊枝が子どもと離れて社会生活を送り、家庭生活以外の部分で自分の世界を持ってくれることを願っていた。

だけど詩織を保育園に通わせたところで、また別の問題が起きた。俊枝は詩織が保育園でどういう扱いを受けているのかいちいち気にしたし、行き渡った面倒を見てもらっているわけではないと感じてもいたようだ。おやつが市販のものだったり先生が厳しすぎるのではないかと気にしたりした。そんなに気になるなら、直接先生と話して解決すればいいことではないかと、ぼくは俊枝に何度か言ったことがある。詩織はまだ通いはじめたばかりだし、いやなこともあるだろうけど、そう通う場所を変えさせるのは子どものためにならないと思った。それに、そんなに保育園の扱いがぞんざいともぼくには思えなかった。ぼくも自分が通った幼稚園がとても好きというわけではなかったし、集団生活に馴染めない部類の子どもだった。だけどそんなもんだろう。

あるとき、詩織が保育園の先生がいやだというときがあった。詩織のお迎えはぼくが行くことが多かった。おんぶひもに詩織を背負って自転車に乗って帰ってくるときに詩織に話を聞くと、ぼくから問われるままに先生がぶったと答えた。それは問題なので、俊枝が園の先生にそのことを話したところ言下に否定された。今は暴力は園でもきつく禁じられていますから、そんなことはありえませんと笑いながら説明されたという。ぼくの問いを詩織は否定しないままに、嘘をついてしまっただけなのだけれど、そうやって先生たちと関係を作っていくしかない。だけど俊枝は違ったようだ。

自分が直接子どもたちの面倒を見るわけではない俊枝にとって、詩織の保育園での生活は自分の生活の一番の関心事だった。もっといい園があるんじゃないかと思うと、今の園の対応がいよいよ問題に思えてくる。

実際、俊枝は数カ月すると、園を少し離れた場所にある別の保育園に変えたいと言ってきた。正直反対した。でも「子どものために園を変える親もいるのよ」と、相変わらずぼくがとんでもない親であるかのように言う。結局いったんそう思うと、あとはぼくが折れるように、今の園やぼくの粗探しをすることになる。俊枝はぼくに迷惑をかけないために、送り迎えは自分でするると言った。でも自分で園の費用を賄おうとするつもりもなかった。

それどころか、そのころ暮らしていたアパートの周囲から、庭の手入れを勝手にしたことで大家に苦情が入ると、それを理由に今あるアパートを変えようと言うようになった。庭の手入れはもともと不動産屋に許可をもらってやっていたことなので、特段気にすることでもない。保育園と同じで、そんなことは周囲と時間をかけて関係を作っていくことで、受け入れてもらうしかない。実際近所で大家に苦情を入れた人はわかっていたので、ぼくは逆にこちらから挨拶をするようにしていた。それにぼくも国立のその地域での生活は一〇年近くになっていたので、自分にとってたいして納得もいかない理由で、住み慣れた場所を移るのは抵抗があった。

でも俊枝にとっては別の場所への引っ越しが問題の解決だった。たしかにそれで今より部屋も広くなったり、新しく変えた保育園にも近くなったりするかもしれない。でもなぜ自分がそのための費用を賄う気もなくて、そんなにまでしていい暮らしを望むのか、ぼくには理解できなかった。あるいは正直にぼくも言えばよかったのかもしれない。「あなたが自分の金でそうしたいならぼくは反対しないけど、なぜそれを実現するのがぼくの仕事なんですか?」と。俊枝がパートナーに求める役割とはそういうものだったのだろう。そしてそんな価値観を共有してくれず、共有する気もないぼくに俊枝はイライラを募らせた。

結局、詩織の保育園は別の場所に変わったし、アパートは引き払われて保育園の近くの一軒家に変わっていた。国立南部の矢川と言われる場所で、周囲に緑やせせらぎもあり、環境はよくなっていたけれど、それまで住んでいたアパートに比べると家賃も上がった。俊枝は詩織が前に通っていた保育園に、転園の理由は言わなかった。保育園からすると、突然、詩織が来なくなって、理由も告げられず別の園に変えられていたということになる。

＊

俊枝といっしょになってしばらくの間、ぼくと俊枝とは同じ日記に交代で文章を書いていた。お互いのことをよく知ろうというぼくの提案だった。その日記の最初のころ、私は人のことをすぐ好きになるけれど、嫌われたらどうしようと考えて、自分から離れていってしまうという一文があった。そんな彼女に、ぼくは大丈夫だよ、と答えるしかできなかった。だけど、自分が同じようにされたらどうしよう。

子どもに会えなくなった現状を人に話すと、「最初はよかった関係がだんだんに非和解的になって、やがて別れて子どもも会わせてもらえなくなったんでしょう」と言われることがときどきある。そこには、「子どもを会わせてもらえなくなるほどのことをしたんでしょう」という言外の意味が込められているのだけれど、現実はちょっと違う。

新しいアパートに引っ越した最初の日から、俊枝との口論は珍しくなくなっていった。それはたとえば、ぼくがりんごを切ってその切り方が大きすぎるといったようなささいなことがきっかけだった。ぼくからすればささいなことで彼女が機嫌を損ね、ぼくがそれを取り合わなかったり、理屈で返したりすると、彼女の怒りが止まらなくなる。原因がわからずぼくが狼狽する。はじめての経験だった。

多分彼女は、物事の正しさや解決を求めていたのではなく、自分の感情をぼくに受け止めてほしかったのだろう。お風呂のマットの干し場所のことで、彼女に苦情を言われたことがある。「私にとっては重要なこと」と彼女は言った。ぼくはそう思う人がそうすればいい話で、ぼくがそのやり方に合わせなければいけない理由がわからない。それにすべてのことの責任をぼくが負えるわけもない。人は人、自分は自分だ。

そのころのぼくに、家族だったら同じ考えでいなくちゃという俊枝の考えを、受け止めたりやりすごしたりするだけの度量はなかったし、子どもの園のことのように、ぼくが理不尽に感じることも少なくなかった。押しつけを感じて彼女に言い返したりすると、たとえば他人にはいい顔をして……と必ずしも悪い面とも言えないぼくの人格を批判したり、他人と比べられたり、ぼくの欠点をいろいろと言われ、それはたしかに悔しく腹立たしい経験だった。俊枝は俊枝で、前の夫から「あなた、人のこと怒らせるの得意だね」と言われたということを、自慢げにぼくに話した。それを聞いて同じ体験をしていたぼくは、なんだかやり場のない感情になる。

彼女の攻撃が止まらなくなると、ぼくが机を叩いて彼女が我に返るということも最初のうちはあった。そんなことはすぐに通用しなくなるので、ぼくは隣の小さな部屋に布団を敷いて具合が悪くなって寝込んだり、家を出て別の場所に避難して一晩過ごすということが度々あった。途中で帰ってくると、部屋の鍵は閉められていた。避難先で彼女に言われたことを思い返すと、ほんとうに自分が惨めな思いになる。たとえば自分の家族や大事にしているものを馬鹿にされるのはいやな経験だ。仕返しだってしたくなる。

自宅での出産を迎える前、「子どものこと何も考えていない」と言われて、ぼくは彼女のことをひっぱたいた。それでも夫から妻への暴力はＤＶだというぐらいの知識はあったし、俊枝の言い草はどうあれ、暴力はよくないことだという認識はあったので、後で彼女に謝った。俊枝は、「ぶたれるようなことを言った私が悪かった」と言った。ぼくは自分を省みる機会を失った。

数カ月後、口論の中で俊枝のことが許せないと思って、再び彼女のほうをひっぱたいた。それを見ていた詩織が「キャッ」と小さく悲鳴を挙げた。俊枝はすぐにぼくの胸に噛み付いた。俊枝が反撃のために足をばたつかせるのを、ぼくは両腕を押さえつけて押しとどめた。「力がないからやられて悔しい」と俊枝が言った。

結局、ぼくが暴力の意味を学ぶのは、自分がそうされることでしかなかった。力があるほうがないほうを従わせることができるというならフェアではない。俊枝よりもぼくのほうが腕力があるのは明らかだからだ。それに詩織の身になってみれば、自分の母親がぶたれるわけで、相当に傷つく経験だっただろうとすぐに思った。なぜならぼくも、父親と母親が口論した末に「女のくせに何や」と言う父親の暴言に、父への怒りと軽蔑を抱いたことがあったからだ。だけど詩織にはこのとき謝っていない。そんなことでは、詩織と信頼関係を築くこともできない。

そんなことがあって、再び俊枝がぼくに感情をぶつけるのに耐え難くなった後、ぼくはスペースFで、ぼくの後ろに机を置いて事務作業をしている吉崎京子に相談をした。新しい家に引っ越したし、やれることはやった。もはや家庭内だけの問題として事をすませるには、ぼくの手に余ると思ったのだ。ぼくが求めていたのは、話し合いで解決を求めることだけれど、ぼく一人ではどうしようもなかった。

ぼくの親の世代よりちょっと下の年代の吉崎は、別の市で女性相談をしていた。吉崎はぼくに俊枝を籍に入れるように忠告した人でもあった。女性が不利にならないようにするにはどうすべきかを考えて言ったのだろう。吉崎に相談するのは二回目だった。いっしょに暮らしはじめたばかりのころに口論が続くので、ちょっと彼女と距離を置いたほうがいいかもと言われ、ぼくは仕事場をスペースFに移した。

毎日のように顔を会わせる吉崎は、ぼくの顔が日に日に能面のように色を失っていっていくことに気づいていた。それはまるで「DVの被害者」のようだった。ぼくもまた彼女の攻撃に悩んでいることを話したし、暴力をふるったことがあることも言った。

「しんどいのはわかるけど暴力はよくないよ」

吉崎は言った。その言葉をぼくもあらためて他人から聞きたかったのだ。「でもどうしたらいいんでしょう」と聞くぼくに、吉崎はいくつか現場での対応の仕方を教えてくれた。

「彼女といっしょに暮らすにはお父さんのように振舞うか、お医者さんのように接するしかないよね。彼女を安心させてやらないと。それに子どもも生まれたばかりだし、今が一番たいへんだし、しんどいときだとは思うよ」

夫婦にもいろんな時期があって、ぼくの両親も含めて、多くの夫婦がそれを乗り越えて関係を維持しているのはぼくにもなんとなくわかった。ぼくの対応が彼女を安心させるものではなかったこともわかる。だけどほんとうにそれでうまくいくのだろうか。

俊枝がぼくに怒りを向けるとき、顔に恨みをたたえたような顔つきになることがある。彼女には彼女なりの、話を聞いてもらえなかったという体験の積み重ねがあったのだろう。だけどぼくは彼女の表情にむしろ恐怖を感じる。

俊枝から「あなた何を考えてるの」と聞かれることはしばしばだった。なによりもぼくの感情を気にしていたのだろう。そんな彼女の側のことまでそのころのぼくにはとても考えられなかったし、自分の感情を言葉にして彼女に伝えることもせず、イライラしていただけだった。

俊枝はぼくが仕事で帰ってくると「疲れたでしょう」と言った。それは確かに裏表のない優しい言葉で、彼女のそういうところは好きだった。だけどぼくのほうはそんな俊枝にねぎらいの言葉をかけることはなかった。食事のときに「おいしいって言ったらどうなの」と責められ、ぼくは「そういうこと食事で言うような習慣がうちにはなかった」と答えて、彼女をいっそう怒らせた。「家のことするのたいへんなのよ」と彼女に言われても、お互いに納得した上で分担した役割ではないという思いがぼくにはある。

そんな無言のぼくに、俊枝もまた恐れを抱いていたとして不思議はない。ぼくは俊枝に吉崎に相談したことを言った。俊枝に手を出したことについても言ったというと俊枝は少し驚いていた。都合のいいことばかりをぼくが言っていると思ったのかもしれない。そしてぼくたちはお互いの一時的な対立関係を緩和させたけれど、それはいっしょにいるからなんとなく口を聞くということでしかなかった。お互いに許しあうということではない。吉崎の具体的な対処法もあまり俊枝には通用しなかった。なんとかもう少しがんばってみたい。でもいったい何をがんばるのだろう。

ぼくも一度、俊枝に対して暴言を口にしたことはある。それは無意識のぼくの発言を彼女が暴言と感じたということではなくて、ぼくが攻撃するために選んだ言葉だった。そのことで彼女に謝ったこともある。だからといって彼女の攻撃が止むわけではなかったけれど、そうしないと自分の気がすまなかったのだ。結局、お互いに一方的だったのだ。

彼女の攻撃は三〇分以上続くこともあった。「もう、言いたければ言えば」と言って手で耳をふさぐとほんとうにずっと続けるのだ。あまりに疲れて一～二日家を空けることもあった。ぼくの仕事場に電話がかかってきて、何を言っても終わらないので、途中で切るようになった。それで帰ってくると、彼女のほうは何事もなかったかのように振舞う。

たしかに吉崎に相談したことで、家の中で何が起きているのかが外にも知られるようになり、お互いに以前より緊張感はあったと思う。だけど回数は減ったものの、彼女の攻撃が終わったわけでもなかった。このころになるとぼくは、家庭内のことで彼女に何かを相談して決めるということは、もはや放棄していた。何をきっかけに彼女の感情が弾けるか。緊張が続いた。

一度三日くらい連続で、ぼくが帰るとともに彼女のぼくへの非難が続くので、ぼくが精神的にもたなくなったことがあった。踏切で飛び込んだら楽になるだろうなあと思って、彼女に「以前も大学を止めたときに同じようにうつになった。今回も同じようになっているので、罵るのはやめてほしい」と土下座してお願いしたことがある。彼女は「うつになるのが悪いのよ」と言った。

彼女が口火を切ってそれが続きそうだなというときには、ぼくは家を出て家の近くのブロック塀に腰掛けたり、雨の中玄関先でうずくまったりして時間を過ごすようになった。やがてぼくは、彼女が止まらなくなったときには、電話でぼくの友人を呼び出したり、吉崎を呼び出したりした。それはぼくがぼくなりに自分の身を守る方法でもあった。ぼくは俊枝に具体的に対処する方法を見失っていたし、一人で何か具体的に対応を考えるには、あまりにも疲れすぎていた。日記に書き込みをして彼女との修復を図っても、彼女の返事はもうなかった。

もっとぼくが不真面目で、彼女の攻撃にのらりくらりとかわすことができればよかったのかもしれない。そのころのぼくと俊枝との関係は、自分たちだけでは修復不能な状態にまで行き詰まっていた。

＊

詩織と二人だけで電車に乗って奥多摩の山に出かけたのは、二人といっしょに暮らしはじめてから半年ほどした、二〇〇五年の秋のことだった。テレビ番組の仕事で東北の山に何日か泊まりで行って、その間に宿からハガキを俊枝と、はじめて詩織に向けても出してみた。詩織は字はまだ読めない。代わりに俊枝がハガキを読んでくれて、詩織は喜んでくれたようだ。登山の仕事で行っていたから、今度は詩織といっしょに行こうと書いていた。

お腹のだいぶ大きくなった俊枝がおにぎりを作ってくれた。歩いている最中に口に入れるものがいるだろうと思って、国立駅の隣のコンビニに入ると、詩織がペコちゃんの人形付きのお菓子を抱えている。

「うーん、それはあんまり食べる部分ないなあ。こっちにしたら」

結局、ミルキーキャンディーを一袋買わされた。奥多摩行きの電車は登山者であふれかえっていて、リュックを背負って詩織を抱えて電車に揺られるのはちょっとつらい。

目指す山の麓の駅で電車を降りる。他にも登山の格好をしている人たちが五〇人ほど降りた。駅のトイレで水を汲んだあと、詩織と手をつないで歩きはじめた。「小さいのによく歩いて」とすぐにほかの登山者に声をかけられる。詩織はまだ三歳だった。

目指す高水山は、大人の足では三〇分ほど車道を歩いて、それから一時間ほどの山歩きで山頂に着く。駅を出たのは一〇時だったけれど、一周しなければ往復でコースも短いので、明るいうちに降りてこられると踏んだ。甘かった。

車道部分ですべての登山者に抜かれた。詩織が大人のようなペースで歩けるわけもなく、道脇の沢をガードレールによじ登って詩織はいちいち覗き込んで魚を探した。登山口の集落にあるお寺に着くまでに、もうミルキーを三つほど舐め終わっていた。バテないうちに、こまめに口にアメやチョコを入れるのは悪くないのだけれど、ちょっとペースが早い。

「ちょっと食べ過ぎじゃない。あとこれくらいでいい」

適当に袋から出してぼくの上着のポケットに分けておく。ここまで来るのに予定の時間の倍はかかっているので、一周するのをやめ、頂上を目指すことにした。

登山口に着くと、詩織とおない年くらいの女の子を連れたお母さんが休憩していた。ぼくたちも休憩した。二人が出発したのを見て、ぼくたちも追いかけた。詩織には小さなリュックを背負わせていたけれど、さっきの女の子は手ぶらだったので詩織のリュックをぼくのリュックにしまう。手を引いて階段を登りはじめる。

さきほどの親子を追いかける形で橋を渡って、杉木立の中を登っていく。詩織も目標があるとがんばれる。だけど結局間は空いて、後の電車で来た登山者にも全部抜かれた。ミルキーばかりが減っていく。

「もうさっき分けた分はないよ。これで最後って言ったじゃない」

と言ってはみるけれど、それでバテられても困るのでやっぱりアメを渡す。食べ終わった包装紙を、詩織が自分のリュックをわざわざ出して、その外ポケットにしまっていく。イラスト入りの包装紙は彼女にとって大事なものだったようだ。こんなに食べさせたのがバレれば、俊枝に怒られるかもしれない。

「今日、アメ食べたの秘密だよ」

と言いつつアメを渡す。

「うん、秘密」

登山道の段差は三歳の詩織には大きすぎるのだけれど、それでもよじ登ったり、ぼくに手で引っ張り上げられたりして自分で歩いている。「お友達が先に歩いているよ」と言うとつられてまた歩く。

頂上は、変化の乏しい杉木立を抜け、紅葉した木々が目立ちはじめ、地面を落ち葉のじゅうたんが覆いはじめた先にあった。さっきの母子が、お姉ちゃんと思われる女の子と、お父さんと四人でいて、ご飯を食べ終わったところだった。お父さんとお姉ちゃんは反対側から登ってきて、頂上で妹とお母さんと合流したようだ。

もう二時近くになっていたけれど、ぼくたちもお弁当を広げた。お湯を沸かしてココアを飲んだ。さっきの家族連れはもう行ってしまうようで、ぼくらが来た道を下りていった。と思ったら、お母さんといっしょに登ってきた女の子がトコトコと引き返してきた。詩織に「バイバイ」と手を振って、三人のもとに戻っていった。

お弁当を広げている人が誰もいなくなったころ、ようやく下山にかかった。一人なら別に気にならないのだけれど、子ども連れだと少し心細い。

下山は詩織が、ぼくの手も取らずに、大きすぎる段差をピョンピョン飛んで下りていく。案の定、前のめりにすっ転んで一回転していた。大声で泣いている詩織を抱え上げるけど、かすり傷ですんでいる。だからといってペースはやはり遅く、急なところは抱え上げたりしたけれど、休憩も多くなり、最後の家族連れに抜かれて、薄暗い中駅の近くまで来たときには詩織が歩けなくなった。「もう行くよ」と言って着いてくるのを待ったけれど、大泣きされた。ぼくも神経を使って余裕をなくし、自分のことしか考えられなくなっていた。結局詩織を抱え上げて駅に戻った。先に着いていた登山者から「よくがんばったねえ」と詩織は声をかけられていた。

詩織は「また山に行きたい」と言うようになった。だけど家にたどり着いて登山の様子を話すときに、あっさり俊枝にアメを食べたことを報告していた。ぼくはといえば、はじめて詩織と遠出をして、無事に戻ってこられて一安心だった。

ミニコミ誌の「並木道」のバックナンバーを引っ張り出すと、そんな当時のぼくの子育ての奮闘ぶりを垣間見ることができる。このミニコミは今は出していないが、子どもたちと別れたり会ったりまた別れたりの様子がそのまま綴られている。

あるとき、隣町で母親たちの子育てイベントにスタッフとして参加していた俊枝のもとから、詩織をはじめて引き取って二人で家まで戻ったことがあり、詩織は俊枝と離れた後、道路で手足をばたつかせて大泣きした。俊枝は遠くで様子を見ていた。困ったなと思っていろいろ声をかけていると、通りすがりのおばあさんがアメを取り出してくれて、詩織の口に含ませてくれた。詩織はぴたりと泣き止んだ。そしてぼくたち二人は家路についた。そんなこともあった。

詩織はぼくと出会う前、俊枝の父親の家で毎日俊枝と二人だけで来る日も来る日も過ごしていた。詩織の父親がアパートを訪れることもあったというけれど、さほど度々ではなかったようだ。

そんな中で現れたぼくは、詩織にとって父親代わりの大人だった。詩織はそんな二人だけの生活の影響か、感情の起伏が激しくて、泣きはじめるといつまでも泣き止まないこともあった。「しかたないなあ」とぼくが抱え上げる。傍らで俊枝が「それを詩織は待っているのよ」と言った。だけどそうでもしないと、ぼくも疲れてしまう。三歳児のほかの子もみんなそんな感じなのかはちょっとわからないけれど、そのうち大きくなるし、いつまでもこんな感じで続きはしない、とぼくは思った。

俊枝たちといっしょに暮らしはじめてからしばらくは、詩織の父親の斎藤が詩織を訪ねてくることもあり、短い間いっしょに遊ぶことはあった。それもなくなると、ぼくの父親に言われるまでもなく、情緒的にも詩織が求める父親はぼく以外に周りにいなかった。俊枝がお腹が大きくなって出歩くのが億劫になってくると、代わりに買い物に出たり、詩織だけを連れてぼくが外出することも多くなった。ぼくはそのころ、いろんな市民活動に顔を出していたので、デモや集会、夜の会議まで詩織を連れて出かけた。

保育園に送り届けるのはぼくの担当だった。まだ詩織は小さく、自転車の前かごに詩織を載せて送り届けたり、迎えに行ってからおんぶ紐に詩織を背負い、帰り道で空き地や公園に必ず寄って帰った。少し大きくなるとサドルに載せてぼくの腕を握らせて、ぼくたちは保育園まで歩いていった。

保育園に行く途中で畑の横の細い道を必ず通る。家を引っ越した先の矢川地区は、国立でも畑が広がり、野菜の無人販売が道脇にあるような地域だ。家の前には小学校があり、地名のもとになった矢川が流れ水遊びもでき、子どもたちにとってはいい環境だった。

あるとき、いつものように少し離れたところにある団地の中の保育園に行くまでに、その道を二人で通っていた。道の脇にある家の庭で、毎朝おじいさんが庭の掃除をしていた。そのおじいさんが、ぼくたちを待っていて、自転車のサドルにまたがった詩織の手に、小さなひょうたんの飾り物を手渡してくれた。毎朝通るぼくと詩織を見て、詩織のためにこしらえてくれたのだ。ぎこちなくお礼を言って、後で「詩織よかったね」と二人で言い合った。おじいさんは言葉を発することはなく、黙ってそれを手渡してくれた。

その後も何回か、ぼくたちが「ひょうたんのおじさん」と呼ぶそのおじいさんから、詩織は手作りの小物をもらった。詩織との間の大切な思い出の一つだ。

市民活動の仲間たちが、子どもたちのことを何かと気にかけてくれて、詩織のもとにはいつも誰かのお下がりが届いていた。それをタンスから引っ張り出してどれを着るか、詩織はいつも悩んでいた。

もちろんぼくにとっては反省することも多く、泣き止まない詩織にいらいらして、手を振り上げたことはある。詩織が目をつぶった。「振り上げてもね、虐待だからね」と俊枝が厳しい声で言って振り下ろしはしなかった。俊枝の言うことは間違ってはいない。

菜種が生まれて俊枝が菜種の世話にかかりっきりになると、詩織を連れ出して外に出かける機会はますます増えた。冬のさなか、詩織を背負ってマントのように毛布を被せ、ぼくは自転車であちこちの公園に詩織と出かけた。ときには感情を爆発させた俊枝を家に残して、二人で別の場所に避難して帰ってくることもあった。

そんな詩織とのやり取りのすべてが、ぼくが父親となる過程だった。いきなり目の前に子どもが現れて、あなたが父親代わりだと言われたところで、その子にとってはぼくは他人だ。詩織に親らしい振る舞いで偉そうに接せられるような子育ての経験があるわけではなく、ぼくの親がぼくにどうしたかを思い出しながら、手探りで詩織とつきあっていった。つらいことがあるにしても、子どもと過ごす時間は楽しい。それはぼくにとっては新しい発見だった。

菜種が生まれた日から、菜種をお風呂に入れるのはぼくの仕事だった。菜種が生まれてすぐ、助産師さんに菜種をお湯に入れるやり方を教わった。俊枝は布おむつを使って母乳で菜種を育てた。詩織のときの経験が俊枝にはあったとはいえ、母親から育児の応援が得られるわけではなく、俊枝もまたそれをぼく以外の周囲に求めようとはしなかった。夜泣きをする菜種を、狭いアパートで夜中に抱え上げてあやすのはぼくの仕事になった。毎晩のように泣く菜種を抱えてあやす。俊枝は菜種が求めればどこでもお乳を含ませた。二人で精一杯の子どもの世話をするのは楽しくもあったけれど、仕事もしながらだったから疲れも溜まっていった。

疲れてアパートの部屋で日差しを浴びながら昼寝をしていたら、足の指が何かに覆われた感触があった。寝ぼけ眼で足元を見ると菜種がいた。ハイハイしはじめ、なんでも口に入れる菜種が、ぼくの足の指にかじりついていた。

やがて菜種が歩けるようになると、そこが自分の居場所だとでもいうように、菜種がまっすぐにぼくのほうに歩いてきて、黙ってぼくのあぐらの中に腰を下ろすのだった。ぼくと詩織が保育園に出かけるときには、俊枝に抱えられた菜種がぎこちなく手を振って、ぼくと詩織を玄関先で送り出してくれた。

菜種が生まれると、詩織は菜種に焼きもちを焼いて、いろいろとちょっかいを出していじめることがあった。だいぶ大きくなって丸々と太り、小柄な詩織と体格もあまり変わりがなくなったとき、詩織が菜種を抱え上げようとしたことがあった。「それはちょっと無理なんじゃないの」と俊枝もぼくも詩織に言った。歳は三つしか違わないのだ。案の定抱え上げられずに、菜種がべそをかきはじめた。

一度、詩織が菜種を叩くので、俊枝に詩織に言って聞かせるように頼まれたことがある。布団の上で正座をする詩織の前に腰を下ろした。

「詩織、詩織が充や俊枝に叩かれたりしたら、痛いしいやな思いするでしょう」

と話しはじめたぼくに、神妙な顔の詩織が「そんなことない」とすぐに応えた。あてが外れて笑いだしたぼくの顔を、「それじゃあだめでしょう」という表情で俊枝が睨んでいた。

口で言ってその場で言うことを聞いたところで、意味がわからなければ大人のことなど適当にあしらうだけだ。子どもなんて大人の真似をしているにすぎない。だから子どもの前でなるべく恥ずかしくない振る舞いはどれかって、考えながら行動する。それは実際、それほど簡単なことではない。何より、仕事も子育ても分担してと言いつつ、仕事のほうはぼくがもっぱらになっていたし、子育ては一度詩織で経験があるということから、やってくれるならと俊枝に任せがちだった。

＊

ぼくと俊枝の間で、子どもたちのことでいさかいになることも少なくなかった。俊枝から何かある度に、ほかの親や父親と比べられたり、自分は子どものことを考えていないと言われたりするのは、今でもあまり思い出したくない経験だ。気を付けないと自分も相手を貶める言葉を言い出しかねないし、子どもにもそういう態度で接してしまいかねない。それにぼくも仕事をしながら子育てをしていたし、俊枝はぼくが会議や人付き合いをするのに、だんだんいやな顔をするようになっていった。だけど家庭外での世界を持てないと、ぼくの精神的な均衡が崩れてしまう。

保育園の授業参観などの行事は、お互い忙しいんだから交代で参加すればいいじゃないかと提案したのに、俊枝からは子どものことを考えていないとか、ほかの父親は参加するとかなじられて参加した保育園行事で、来ている保護者はぼくだけだったということもある。

詩織も園の子どもたちも喜んだけれど、そんなことで自営業の仕事がはかどるわけもないし、そうなればぼくたちの収入は絶たれる。

俊枝があまりにも「子どもが……」と言って非現実的な要求をしてくるので、「結局、子どもじゃなくて自分が不安じゃないの」と問い返したことがある。それ以来、俊枝は「子どもを……させておくのは、私が不安なの」と言うようになった。それはそれでぼくたちの関係が一つ深まったと言えるのかもしれないけれど、自分の不安の原因をぼくに求められてもどうしようもなかったし、ぼくへの追及や非難が止んだわけでもない。でも子どもを理由にして自分の思いを叶えようとする歯止めには一定なった。

家の中を片付けたりするのはぼくのことが多かった。俊枝と子どもたちがお風呂に入っている間に、疲れてはいたけれど、家の中を片付け、畳んでいない洗濯物を脇に寄せ、布団を敷いて三人がやってくるのを待っていたことがあった。お風呂から上がってきた俊枝は、布団の様子を見て、「ちゃんと片付けなさいよ」とぼくの落ち度を責めた。

「ぼくだってさ……」と自分の自尊心を保つためにぼくが言い返す言葉を、詩織が俊枝に問い詰められて口にすることもあった。やがて詩織もまた、トイレの水をこぼしたとか、そういう小さなことで、何十分も俊枝から立ったままずっと叱られているのを見かけることがあった。

寒い冬の夜、詩織への説教が一〇分、二〇分と続き、見かねてぼくが俊枝にもうやめるように言っても、俊枝の表情は変わらず詩織を叱り続けた。ぼくが「もうやめなって」と言って、俊枝から引き離すために詩織を抱えて屋外に連れ出そうとした。玄関まで追いかけてきた俊枝が、詩織を抱えるぼくを蹴飛ばした。腹もたったし、このままここにいるわけにはいかないと思って、ぼくはそのまま詩織を抱えて外に出た。俊枝はぼくたちを追いかけてきた。ぼくは詩織を抱えたまま隣接する学校の横の道を逃げた。俊枝が追いかけてきた。「誘拐よ。誰か捕まえて」と後ろで叫び声を挙げた。恐怖がこみ上げた。

途中で逃げるのを諦めてまた小走りで詩織を抱えたまま家に戻ると、玄関の三和土の上までハイハイで出てきた菜種が泣いていた。ぼくはこのままの彼女を入れるのは怖くて玄関の引き戸に鍵をかけた。冷静さも失っていた。俊枝は縁側へと開けた部屋の引き戸のところに回り込み、鍵のかかったドアを叩き、揺すって無理やり鍵を開けた。入ってこないようにするぼくが俊枝を突き飛ばし、逆上した俊枝がぼくの胸に噛み付いた。結局、俊枝が中に入ってきて、ぼくは俊枝に向かって怒鳴った。俊枝が詩織と菜種を抱えてうずくまった。詩織が「みつる怖い」と言って、ぼくは冷静さを取り戻した。

子どもの前でケンカをしないようにするなんて、そのころは想像もできないようなありさまだった。そのころの我が家は、何が起きても不思議ではない状況だったかもしれない。ぼくの頭の中は、俊枝にどう対応すればいいのかということでいっぱいだったし、そのくらいお互いに振り回されていたのだと思う。

「あなたは菜種は可愛がるけど詩織は菜種のようには可愛がらない」と言われて、ギクッとすることがあった。でも何でそんなことをわざわざ言うのだろう。

年末年始に冬山に行く予定が、菜種が熱を出したので諦め、年明け、ぼくは詩織と話して子ども向けの映画に行く約束をした。俊枝も誘ったのだけれど、菜種がいるからといっしょにくるとは言わなかった。元日の昼前に詩織を連れて外に出ようとするぼくに、俊枝はぼくをなじりはじめ、行かせないように外にまで追いかけてきて立ちはだかった。結局ぼくたちが映画に行く話はなくなり、ぼくは代わりに、詩織とベビーカーに載せた菜種を連れて周囲を散歩して戻ってきた。

多分俊枝は、子どもたちにヤキモチを焼いていたのだと思う。子どもといっしょの暮らしをぼくが楽しんでいれば、対抗心を持ったのかもしれない。それにぼくには友人が身近にいたけれど、彼女は高校時代の友人が遊びに来ることはあったものの、その付き合いを広げることもなかった。

ぼくが俊枝との生活を解消するまでの半年ほどの間、ぼくは俊枝に、菜種もまだ小さいにしても保育園にあずけられる年だし、経済的な面でも協力してほしいし、約束通り何らかの仕事についてほしいとお願いした。「いつになったら働きに出るの」と。

俊枝はぼくの友だちの前では、「私は専業主婦がしたいの」と俊枝の願いを叶えないぼくとの考えの違いを表明したし、自分の味方を得ようともしたようだった。でもぼくの周りには、女性も社会の中に居場所を持つべきだし、そもそも女性が男性に養ってもらうことをよしとする人は少なかった。たしかに女性が妊娠、出産をする期間、男性と同じだけの仕事をするのは望めない。その間ぼくは俊枝と子どもたちを養うことができたけれど、それはたまたまその時期に番組制作の仕事があって蓄えができたからだ。

毎月、その月の収入支出をノートに書き出して、何に使うか二人で話した。それがだんだん赤字になっていった。蓄えは少しはあったけれど、このままでは底をつく。俊枝は貯金があるなら、三歳までは子どもといっしょに過ごしたいと言ったけれど、子どももほしいと言った。ぼくにしてみればこんな中で子どもを増やすなんて考えられない。助け合うという関係に入っていかない俊枝とのやりとりの積み重ねに、ぼくの徒労感は増していった。

俊枝もスペースFのスタッフ手当や、たまに入ってくるひとり親支援のためのベビーシッターの仕事を吉崎から斡旋されてすることはあった。それでも収入は多くはなかったから、二人の財布はいっしょにして管理し、そこからそれぞれお小遣いをもらうということにしていた。外食もするのでそのお小遣いの額はぼくのほうが多く、ぼくはそれを貯金して好きなものに使っていた。そうでもしないと自由に使えるお金がない。彼女も自分の口座を分けてちゃんと貯めたほうがいいと言ったけれど、彼女のほうは結局最後までそうしなかったし、家計が苦しくなってきたときには、自分の小遣いは減らしてもいいとも言った。

あるときぼくは、家計を支える収入はぼくが半分出すから、あなたももう半分出して賄ってほしいと言った。このままでは俊枝が自分から働きに出るということなど永遠にないと思ったからだ。ぼくが市報や貼り紙の求人を見て、俊枝のためにそれを教えると、俊枝が感情的に反発して疲れてしまう。もちろん、俊枝の仕事によっては負担はこちらが多いことはあるにしても、それは二人で家計を賄うのが原則だというぼくからの言い渡しだった。

彼女はぼくにこれ以上依存するのは無理だと思ったのだろう。アルバイト雑誌を広げていい仕事がないか探しはじめた。だけど一度もバイトのための面接や電話での問い合わせをしたのを見たことがない。結局、ぼくが子どものことはともかく、これ以上俊枝のことを経済的に見られないと思えば、彼女は働くか出て行くか以外に選択肢はなかった。あまりにも二人の関係が緊張していたので、吉崎から言われたというのもあって、別々に暮らしてぼくが俊枝たちのところに通うというのを、俊枝はぼくに提案したこともあった。

ぼくには非現実的に思えた。二人の財布とはいえ、そのお金はもっぱらぼくが稼いだものだし、なにより、俊枝と子どもたちがいっしょに暮らすというのが前提だった。その生活費をぼくが出せば、ひとり親の扶助を得ることはできても、彼女が働かないことの支援をするような気分にもなる。今よりも子どもとかかわれなくなるし、ぼくにただの金稼ぎロボットになれと言っているようなものだ。不正受給の段取りをつける気にもならなかったし、彼女が家庭生活を解消するための資金作りをぼくがする気もなかった。

ある日、ぼくがスペースFで仕事を終えて自宅に戻る前、これから帰ると俊枝に電話すると、俊枝にはつながらなかった。その日はスペースFでちょっとした懇親会がある日で、ぼくはそれには出ずに家でご飯を食べようと思って電話をしたのだ。

家に帰ると、俊枝が詩織と菜種と出かける準備をしていたところだった。俊枝はスペースFの懇親会に出かけるつもりで、当然ぼくがそこで待っているものと思ったのだ。ぼくが今日は家でご飯を食べようと思って、さっき電話したけれどつながらなかったと説明すると、俊枝は「あなた自分のことしか考えていない。無責任よ」と言った。もう無理だ。行き違いでそんなことまで言われる覚えはないし、いろいろ努力して気を遣ってしかたなく取った態度へのそんな返答に、それ以上耐えられなかった。

その日、ぼくは俊枝とともにスペースFに戻り、うつろな表情でみんなが楽しそうに酒を飲み、ご飯を食べているのを眺めていた。ぼくのうかない表情に気づいた誰かが「宗像君、どうかしたの？」と聞いてきた。菜種はいつものように、周囲の人に相手をしてもらった後、ぼくのところに戻ってきてあぐらの上にちょこんと乗った。すべての光景が、ぼくにとって現実感なく目の前で展開していた。そして宴席を途中で退席し、ぼくたちは矢川の家に戻った。

その日、ぼくは家を出た。

＊

ぼくは家を出た後、国立市内の知り合いの事務所に向かった。俊枝が働いてくれることで何か根本的な問題が解決するのかということは考えなかった。それでも、経済的には彼女が働けばぼくが彼女から責められる機会は今より減るし、余裕が出れば家庭を維持することも冷静に考えられるのではないかと思った。なぜぼくだけが俊枝が子どもが三歳になるまでいっしょにいたいという希望を叶えるために、金を稼ぐためだけの生活を続けなければいけないのだろうか。同じことをぼくが希望すれば彼女が叶えてくれるのか。そんなことより何より、ぼくはくたくただった。

その夜、ぼくは誰もいない居候先の事務所の床に布団を敷いて、むしろほっとした。ここにいる限り、ぼくはこれ以上責められることはないし、自分の意に反することのために仕事をすることもなかった。子どもたちと離れて暮らすのはさびしいことだ。でも同じ町内に住んでいるので会えないことはない、そう思った。安堵はあったにしても、これからどうなってしまうのだろうと不安も強かった。洗濯をしたり、当時ちょうど最中だった国立市の市長選挙と市議会議員選挙の手伝いをしたり、家族のことはなるべく考えないようにして時間を費やしていた。

しかし日を追うにしたがって子どもたちのことが気になった。というか会いたくなった。突然ぼくがいなくなって、詩織も菜種も不安になっているに違いない。帰りを待ってもいるだろう。俊枝は二人の面倒を見ているだろうか。

家を出たことは吉崎には伝えていた。数日して俊枝は吉崎に連絡して相談したようだ。吉崎はぼくが市内に滞在しているということ、そして必要があれば吉崎のほうからぼくに連絡をとることを伝えた。吉崎はぼくに会って話をしたい、という俊枝の伝言をぼくに伝えた。ぼくはそれに応じなかった。単に会って話をしたところでまたぼくが責められるのであれば、これまでのくり返しに過ぎない。どうしてぼくが家を出ざるを得なかったのか、彼女にも考えてほしかった。

一度、スペースFに寄ったとき、玄関の引き戸を開けると、中でたくさんの話し声がした。玄関から続く廊下の先にピンク色の服を来た詩織の姿を見かけた。ドキッとした。詩織は廊下の横に二つ並ぶ部屋の奥のほうに体を向けて、ぼくが引き戸を開けたのには気づかなかった。玄関に靴が沢山並び、話し声が外まで聞こえてきた。中に俊枝と菜種がいることは明らかだった。ぼくは詩織に気づかれないようにそっと引き戸を閉めた。今中に入れば何事もなかったように、もう一度俊枝たちとの生活を再開できるのかもしれない。でも、それではなぜ一大決心をして家を出たのかわからなくなる。

家を出た日の夜、俊枝と子どもたちが寝静まった後、ふすま越しの部屋でぼくは登山用のちょっと大き目の水色のリュックサックに、押入れから当面の着替えを詰め込んだ。数日間は外泊できる用意をして家を出ようと思ったのだ。二度と帰ってこないつもりではなかった。荷造りをしているときに、俊枝が起きてきてふすまを開けた。

「何をしているの」

ぼくは家を出ることを告げ、「子どもたちはどうするのよ」と、ぼくの手を取って玄関先で引き留めようとする俊枝の手を振り払って家を出た。俊枝は追いかけてこようとはしなかった。

スペースFで詩織を見かけてからまた一週間ほどして、再び吉崎から電話があった。

俊枝から会いたいということだった。ぼくは俊枝に会うと吉崎に伝えた。今度は俊枝のほうから話があるということだったから、きっとこれから先のことを自分でどうするのか、俊枝なりに考えたのだろうと思った。それにぼくは子どもに会えない状況でこれ以上暮らすのは限界だった。自由に子どもに会えない、という状況になってはじめて、子どもたちが自分の中で、どれだけかけがえのない存在になっていたかということをぼくは知った。それにもう二週間近くたっていたから、いずれにしても子どものことをどうするかをこちらからも話し合わないといけない。いつでも会いに行ける状況で子どもと会わないのと、いつ会えるかわからない状況で子どもと会えなくなるのとでは、気持ちの持ちようがまったく違う。

俊枝が子どもたちを寝かしつけてから、吉崎が間に入って、ぼくと俊枝はスペースFで会った。二人の共通の友人の遠山実が俊枝の代わりに留守番をして子どもたちを見守ることにした。二週間ぶりに会う俊枝は顔に吹き出物ができ、憔悴して見えた。吉崎がまず俊枝に話を促した。

「宗像さんとはやっていけないから、別れることにします」

これまでと違って姓で呼ばれるのも驚きだったけれど、話の内容自体も耳を疑った。ぼくからしてみれば、ぼくに家を出ざるを得ない理由があったから家を出たのであって、それは二人の関係を何とかしたいという思いがあったからだ。しかし別れるのであれば、ぼくが家を出た意味がなくなる。体中の力が抜けてしまうような空虚感に襲われた。

ぼくはその後、ひたすら俊枝がぼくについて言う過去の不平不満を聞かされ続けた。その度に「それは……」と言いかえそうとしたのだけれど、全部話を聞いてからと吉崎に制された。家を度々空けて自分と子どもたちだけにしてきたのに、今回は帰ってこなかった、もうやっていけないというのが一番の理由だった。そんな話は今回はじめて聞いた。

俊枝の話が終わってから、ぼくは逆にぼくがなぜ家を空けたか、それでどれだけ自分がつらい思いをしてきたのかを今度は言うことになった。俊枝が結論を出した後では、それが空しい努力であることはわかりきってはいたけれど、それでも俊枝が考え直してくれることを期待していた。しかし彼女の側からしてみれば、夫婦間で自分がしてきたぼくへの行為を、吉崎という第三者にぼくがばらしたことになる。吉崎にしてみれば、悪口をお互いに言い合っているようなものだ。度々喧嘩の際に見せた、恨みをたたえた目つきでぼくを見上げる表情をこのときも俊枝は見せた。

「宗像さんも私にひどいことを言ったことがある。スペースFの人たちは私の友だちじゃない、と言った」

彼女にとってみれば自分が周りにどう見られているか、ということが一番気にかかることだったのだろう。

結局、それぞれお互いの話をし尽くして、吉崎が「別れるというのはわかったけれど、子どものことが決まるまでは片桐さん、家にいてくださいね」と俊枝に伝えた。「子どものことは二人で話せる?」と吉崎はぼくと俊枝に聞いた。ぼくはそれは二人で決めることだしとうなずき、俊枝もうなずいた。どちらかが見ることになると思うけど、定期的に子どもをあずかればいいし、一週間交代で両方の親が子どもを見たりすることもあっていいと思う、と吉崎は言った。

子どもたちのことは心配だった。だけど俊枝のもとには貯金通帳があったので、それで当面暮していくことはできるはずだった。まだ家庭内の問題と思っていたので、子連れで避難する場所も思い至らなかった。

子どもたちの保育園はどうしたのかとぼくは俊枝に聞いた。「二人とも手続きをとりやめた」と俊枝は言った。ぼくは驚いた。

ぼくが家を出る数日前、俊枝は菜種をあずける予定だった保育園へ詩織を転入させることを一人で決め、保育園には詩織をやめさせる前日に、詩織を送り届けたぼくに転園のことを告げさせた。俊枝としては、詩織が通っている保育園に菜種を入れるつもりだったのだ。

ところが一歳児の保育については定員は少なく、菜種は詩織が通っている保育園への抽選から漏れ、第二希望の保育園に決まっていた。その過程で、俊枝は詩織をかねてから自分が通わせたかった幼稚園に入れたいという一度終わった話をまた蒸し返した。またその話かとうんざりした。詩織ももう友達もできたしそんなに転々とさせるべきではない。生活を維持していく上でもやはり賛成できるわけもなかった。

そのおかげで二つの保育園に二人の子を別々に通わせることになった。それはそれでたいへんだと思ったけど、それでも詩織の保育園を妹のために変えるよりは、一度菜種を別の保育園に入れ、空きができれば家の近くの詩織の保育園に移すというのが現実的だとぼくは思った。一年我慢すれば近くの保育園に二人とも入れられることもできるだろう。もちろんぼくの思い通りになるとは限らない。でも俊枝が働きはじめれば別の選択肢も出てくるに違いない。

ところが俊枝は菜種が入る予定の、家から遠い保育園に、詩織を転園させる手続きを一人でしていた。「どうして相談してくれないんだ」と言えば「あなたに言っても反対されると思ったから」

としか言わなかった。一生懸命家庭を支えてきたのにと思うと言葉をなくす。にもかかわらずその負担はぼくも等しく追うことになる。仕事をするかどうかについては、「時間ができれば仕事もするでしょうよ」と彼女は他人事のように言った。結局、今日に至るまで、彼女が自分でお金を稼いだとは聞いていない。そして詩織の転園のことは、詩織の保育園をやめさせる前日に、詩織を保育園へと送っていったぼくにそのことを言わせている。帰って来て「保育園の先生たち、驚いていたでしょう」と言う俊枝の言葉がやりきれなかった。それに従った自分もいやだった。

ぼくが俊枝が自分の意思で進めたことは自分で結果を負うべきだと思ったところで、取り立てて突飛なことだとは今も思わない。また詩織の保育園を変え、矢川へと転居したときと同様に、培ってきた関係をたいして理由もないのに壊されるやり方は耐え難いことだ。ぼくがやってほしくないと俊枝が知っていて、それでもそれをやることに、これ以上耐え切れなくなってきた。それがぼくが家を出た原因の背景にあった。

そんなに、ぼくのことをないがしろにして子どもたちのことを決めたいのであれば、それは俊枝が責任を負うべきことだ。でもそれよりも、子どもたちのことでぼくは何か権限が持てると感じられなくなっていた。それは男は結局子育てに口を出せないという敗北感と、どの程度近かったことだろう。後に「宗像君が子どもたちを連れて家を出なかったのは失敗だったね」と言われることもあった。そうは思いいたらなかった程度に、ぼくは男だった。ぼくが受けていた行為が虐待であると自覚して、その後残された子どものことを考えれば、むしろそれが選択肢だったかもしれない。ただ男がそうやって逃げることのできる場所は実際にはまずない。

吉崎が車で家まで俊枝を送っていき、ぼくは一人残され、考えてもいなかった結論に呆然とした。ぼくのほうから別れを切り出すということはあったにしても、こんな展開になるとは想像していなかった。これまでも繰り返されてきたことだけど、徒労感が一層募った。人間なんだから話せばわかってくれるはずという期待を捨てられなかった自分の弱さだろうか。そういう夫婦の関係を自分は望んでいたのかもしれない。しかしそれは俊枝が相手では無理だ。そう諦めきれていなかったのだろう。

数日後吉崎に電話をして、子どもたちに会いに行くことにした。吉崎が電話して俊枝につないでくれた。

矢川の家に入ったのは二週間ぶりだった。詩織が「みつる」と大喜びでかけてきて、菜穂も笑顔でよってきた。しばらく二人で遊んで俊枝と話した。しかし俊枝は「親権は私にあるから」とこの間の吉崎の提案とはまったく違う話を出した。籍を入れなかったのは彼女の意思でもあったのだから、今さら親権がどうとか持ち出すこと自体驚きだった。一週間交代で子どもを見る、という吉崎も口にしたぼくの提案には、「そんなこと子どもによくないわよ」と言うだけだった。ぼくが何を言っても取り付く島がなく、一方的な主張をするだけなのはこれまでと変わらない。「これからどうするの?」と聞けば、「国立には暮らせない」と言う。そんな状況では話し合いは何もまとまらない。

ぼくのほうも未練たらたらだった。俊枝の手を握ろうとして下げられたり、彼女を後ろから抱きしめたりした。実のところ、二人で話せば俊枝からまたやり直すための言葉が聞けるのではないかとも期待していたのだ。ここでも子どもたちのことは置き去りだった。

でもそんな期待を抱けそうにもないことくらいは理解した。子どもたちのことは気にかかる。玄関先で手を振って、子どもたちにまた来るねと告げて家を出た。その数日後、俊枝たちはその家からいなくなった。

*

子どもたちの様子はずっと気になっていた。俊枝との話し合いは進まなかったけれど、一度子どもたちと会ってからはまた会えると考えていた。俊枝との共通の友人に頼んで家に子どもの様子を見に行ってもらった。

ぼくも家の近所に行ったときに自宅の様子を見てみようと思った。家の鍵は持っていたのだ。人の気配がないので、庭に回って室内を見ると荷物がやけに少なくなっていたのに気付いた。中に入ると俊枝と子どもの荷物が一切合財なくなっているのがわかった。押入れを開けると、彼女が使っていた布団までなくなっていた。その場で携帯から吉崎に電話した。友人の一人が二日前の夕刻に自宅の前を通ったときに宅急便の車が止まっていて、荷物が運び出されていたというのを教えてくれた。だからといって、どこに行ったのかはさっぱりわからない。狼狽した。

それからは宿泊していた事務所に戻って、心当たりのありそうなところに電話をかけまくった。電話会社に連絡して、自宅からかけた連絡先の一覧を取り寄せた。子どもの保育園の親につながって、あまり親しくもない相手に事情を話すのは抵抗があったけれど、そうも言っていられなかった。ぼくの実家にも電話した。家出がこういう結末になるとは予想していなかったので、伝えていなかったのだ。

親たちは相当驚いたし、こちらに来るとも言ってくれたけれど、今来てもらったところで何ができるというわけでもなく断った。とはいえ、精神的にはかなりまいっていた。毎日子どもを探し出すためにあちこち出かけ、警察に捜索願も出した。警察署の警察官は、ぼくが持参した三人の写真を見ながら、「奥さんも相談してから家を出ればいいのに」と言った。捜索願は受理され、念のため児童相談所にも行って、子どもたちが保護されれば教えてほしいとお願いした。俊枝の父親の家にも戻ってはいなかった。

最終的に、ぼくの友人で、そのころ福岡にいた川野厚のところに俊枝と子どもたちがいることがわかった。

友人の一人ともう一度自宅に痕跡がないか調べにいったとき、自宅のＰＣの履歴を見ると、福岡の天気予報や交通機関を調べていることがわかった。簡単な操作なのでもっと早くぼくが調べておけばよかったのかもしれない。そのころにはもう一週間近くが経っていた。しかし電話の履歴で、俊枝が長時間、川野と話していたことは知っていた。川野に電話をすると行先は「知らない」と言った。何を話していたのかと聞くと、「国立にはいられない」と話していたという。「そうか」と言って電話を力なく切った。

結局、ＰＣの検索結果で行先は福岡が濃厚というのが見えてきた時点で、宅急便の会社に川野の住所を告げて確かめると、「確かに届けた」と帰ってきた。「そこではなくこの住所です」という答えが来るものと予想していたのに。

あらためて川野に電話をしたけれど何度かけても電話に出ない。怒りが湧く。わけもわからず動転する。さまざまな感情が次々に湧き出る。川野がぼくに事情を何も聞かなかったのは驚きだった。でも川野も俊枝からの一方的な話を聞いて、正義感でやったのかもしれない。

川野はぼくと同じく、国立市内の大学の卒業生だ。在学中は知り合いではなかった。ぼくが国立の市民活動をしている人たちの間に顔を出すようになると、すぐに川野と知り合いになった。当時はそれまで「日の丸・君が代」のなかった国立市内の小・中学校に、「日の丸・君が代」が導入された後の時期で、教育委員会と、学校の先生や教員、保護者や住民との対立が強まっていた。教員たちは裁判を起こした。川野はその中で市外に向けて活発に発言していたので、目立つ存在だった。「並木道」に原稿を書いてもらったこともある。

ぼくが俊枝と知り合う前に、転勤で福岡の事業所に引っ越していったときには、川野の送別会のために店を借り切って、たくさんの人たちが集まった。福岡に行った後も、度々上京してきたときには国立の仲間たちの間に顔を出していた。ぼくが俊枝と国立で暮らしはじめてしばらくして、国立にやってきた川野がアパートにきて、ぼくたちの暮らしの様子を見に来たことがあった。そのときが俊枝と川野が会った最初だった。

川野が福岡で暮らしていたというのもあって、ぼくが大分に帰るときには、川野を呼び出して大分での住民運動の現場や集会にいっしょに行くこともあったし、ぼくの実家に川野が泊まっていくこともあった。それはぼくが家族を持った後も変わらなかったので、ぼくが大分で用事があって一人で出かけていたときには、子どもたちを俊枝と川野に任せて出かけることもあった。だからその後の川野の言動は「こういう人間だったのか」とびっくりとがっかりの連続だった。

ぼくの電話には出ないので、遠山が代わりに電話をした。遠山もぼくと川野と同じ大学の出身で、市内で仕事をしつつ市民活動にかかわっていた。遠山とのつきあいは、ぼくよりも川野のほうが長かったし、ぼくは遠山よりは年下で川野よりも年上の、同年代の仲間だと思っていた。川野が手引きしていたとはいえ、川野のもとに俊枝と子どもたちがいるとわかった時点で、川野の自宅とは別の場所に三人を住まわせているのだろうとぼくは思っていたし、それを聞いたほかの人もそう思っていた。しかしそうではなく、三人は川野のさして広くはないはずの単身世帯用のアパートにいた。

俊枝がいつもぼくに話しているような被害感情を涙声で川野に言えば、なんとかしてやりたいと思ったとしても不思議ではない。実際ぼくは家を出ていたので、言われれば「妻子を捨てた男」という話にもなるだろう。しかし川野には、それがほんとうかどうかを確かめるすべはたくさんあった。国立には川野の知り合いはたくさんいて、ぼくじゃなくても誰に聞いても「実際のところ」の一端は説明してくれたに違いないからだ。

三人を国立に戻すのか、ということに対して、川野は俊枝と関係を持ったということを遠山に伝えた。ぼくは遠山が川野と携帯で話し終えるのを待っていたけれど、さすがに深刻な顔を遠山がしているのに気づいた。なぜ今まで黙っていたのかと遠山が聞いても、「落ち着いてから話そうと思っていた」というやはり要領を得ない説明だった。子どもたちは元気だという。もう父親になったかのように詩織と菜種のことを呼び捨てにする川野の口調を説明するとき、遠山が不愉快な表情を見せた。

ぼくが家を出る前、俊枝は「私にも相談できる人がいるんだから」と言い返し、実際にぼくが家を空けて戻ってくると、電話で誰かと話し続けていることがあった。その俊枝の怒った表情と川野の説明が重なった。遠山はぼくの電話にきちんと出るようにと、川野に言い置いたという。

自分で川野に電話したものの、どうして黙っていたのかという問いには「落ち着いてから話すつもりだった」という答えしか来なかった。それは嘘をつく理由にならない。

それまでも俊枝たちが突然消えたことで不安の中にいたのに、ぼくは自分の感情にさらにかき回された。川野への怒りもあったけれど、なぜ川野のもとへ俊枝を行かせてしまったのだろうかと考えると、後悔と自分の非力を思い、それに嫉妬が混じってへとへとになる。もっと早くPCで検索ができていればもっと早い段階で待ったがかけられたのだろうか、それともぼくが家を出なければよかったのだろうか、俊枝から会いたいと言ってきたとき会っておけばよかったのではないか、それよりも実家に川野を招いてまで俊枝と過ごさせることはなかったのではないか。そんな感情が次々に湧き上がった。

とはいえ、これからどうするつもりなのか俊枝に聞かなければならないし、少なくとも子どもたちのことは俊枝だけが決められる問題ではない。俊枝にメールを送り、国立に戻ってきて話し合うようにと伝えた。子どもたちのことは少なくとも二人で決めることだったし、少なくとも菜種に関しては法的にも責任と権利がぼくにはある。その趣旨のことを書き送った。

数日して、俊枝は詩織と菜種を連れて国立にやってきた。捜索願は子どもの安否を確認してから取り下げると伝えたのだ。

四人で暮らしていた小さな貸家で俊枝と話し合うことになっていたから、立ち合いを引き受けてくれた遠山とともに自転車で向かっていたら、矢川の駅前のロータリーに向かって立つ小さな店のスタンドで、オムスビを買っている俊枝がいた。菜種を胸に抱っこし、詩織を連れて立っていた。

ぼくは「詩織」と呼んで自転車を降りて駆け寄り、詩織を抱きしめた。涙が後から後から流れ、声を出して泣いた。しばらく涙が止まらなかった。子どもたちはこんなぼくの姿を見るのははじめてだっただろう。自分への憐憫の涙かもしれないのだ。裏切られたという感情を持て余した挙句、すがりつくのは子どもだった。菜種にも声をかけ、ぼくは遠山とともに先に家に行った。

話し合いで何か決着がついたというわけではなかった。俊枝は国立にはいられないと言い続けたし、とはいえもしここに住まないのなら、家も含め、荷物の処分はしてもらわなければならない。ぼくはもう別の場所に一人で暮らすためのアパートを見つけていた。「子どもの親権は私にある」と俊枝はぼくが相手のときだけ言う。そんな俊枝に虫の良さを感じつつも、子どもについての話し合いは続ける、と約束してもらい、約束事項を紙に書いて俊枝のサインをもらった。捜索願は子どもたちの様子を確かめてその場で電話で取り下げた。

一人で出てきた俊枝は「子どもを奪われるって不安なのよ」と、被害者のぼくに筋違いの言葉を口にする。ぐったりとした気分になる。

実際ぼくが子どもを力づくで奪うということをまったく考えなかったわけではない。しかし子どもたちの姿を見て、そういうことができるとはぼくにはまったく思えなかった。それでは俊枝がやったことと同じではないか、子どもたちがそんなぼくをどう思って育つのだろうか、そんなことを考えると、最初からぼくにできるようなことでもなかった。そもそもいつも勝気の彼女が、自分の将来を自分で切り開く意思もないまま結局、別の男性に自分の将来を委ねたということは、かなりがっかりな事実だった。

俊枝が子どもの父親の意向も聞かず、二人の親でもなんでもない川野のもとに自分の娘を置いている、その川野と俊枝はすでに男女の関係を持っているという事実だけが突き付けられた。三人は再び電車に乗って福岡に帰って行った。


ぼくは一人で大分に帰った。

この間の経過を親たちには何も報告していなかった。疲弊して精神的にも不安定になっていたぼくは、航空チケットの取得まで友人に頼んだ。見かねて吉崎がぼくに晩御飯を作ってくれたことがあったし、友人の一人は夜、寝ながら叫び声を上げるぼくの状態を知って、スペースFでいっしょに寝てくれたこともあった。

故郷の大分の空港に降り立ち、ターミナルを出て親たちの顔を見て涙があふれ出てきた。周囲の人たちが支えてくれても、東京に踏みとどまるのは相当のエネルギーだったのだろう。

父は、川野たちが福岡にいることは知っていたので、「お父さんといっしょに福岡に行って、子どもたちを連れてこよう」とぼくに言った。正直、ぼくは親がいっしょであったとしても、川野に対面してそんな交渉をするエネルギーはもうなかった。たとえそれが成功したとして、その先、子どもたちを抱えてここでどう生活していけばいいのか、見通しも立たなかった。ただ親たちが味方でいてくれることに安心した。

それでも家にじっとしていられないぼくは、一人で近くの川まで歩いたり、足をのばして数時間かけて山に登りに行ったりした。一人になって川沿いの道を歩いているとき、俊枝や子どもたちが今何をして過ごしているのか、なぜそこに川野が関与しているのか、と考えはじめると気が狂いそうになる。胸がつかえて息が詰まりそうになり、「わー」と川に向かって大声を出した。

「なんでだよー」

初夏の匂いがする杉木立がシンと音を立てずにたたずんでいた。せせらぎの音が何もなかったかのように再び空気を震わせた。胸のつかえがそれでとれるわけではなかった。

川野はこの家にも来たことがあり、親たちは川野のことを覚えていた。黙って友人の妻と子どもを呼び寄せた行為は、傍目に見ても疑問が生じるし、当事者の親となってみれば屈辱を感じることだろう。

母は川野の職場に電話をして川野を呼び出し直接問い詰めたようだ。その思いはぼくの周囲の川野の友人たちも同じだった。川野の携帯に電話をして何をやっているのだと問い詰めたのは、一人や二人ではなかった。ぼくと同じように、「裏切られた」という思いをしていたのだ。

川野自身は、ぼくが俊枝たちがいなくなり探し回っている最中に、ぼくの問い合わせにウソをつき、何事もなかったように、これまで同様、市民活動のメールニュースの配信を続けていた。

数日後、福岡に行って直接川野と会ってきた遠山が、大分のぼくの実家に立ち寄った。直接会って川野の真意を聞いてきたのだった。すぐに遠山の説明を聞いた。川野は俊枝からの一方的な話を聞いて、最初はぼくと話し合うように俊枝に言ったものの、俊枝が不安定になり、子どもたちの状態も心配で、俊枝と子どもたちを呼び寄せたのだという。ぼくが家を出た時点で俊枝はすぐに福岡に行っていいかと川野に言ったのだという。どうして吉崎や遠山をはじめ、共通の友人知人に確かめなかったのか、と聞いてもやはり答えはなかった。ぼくが俊枝から受けた精神的な虐待を説明すると、川野は驚いたという。

一方でぼくが俊枝に未練があったり、子どものことを気にしていたりするということなど、川野は想像もしていなかったという。後にそのことで自分がもめごとに巻き込まれることなど、考えていなかったわけだ。川野がぼくのことを馬鹿にしていたということだけはよくわかった。次から次に湧き出る疑問と、終わることのない愚痴を、黙って遠山は聞いてくれた。

遠山が東京へと戻った。子どもたちがこの事態を今うまく理解できているかはわからない。川野の家に子どもたちがいることがわかってから、ぼくは川野の家にいる子どもたちに宛てて、はがきを出すようになった。周りの環境や人間関係が変わっていく中で、一番不安に思っているのは子どもたちだろう。ぼくと会えなくなっている事態は、それだけで不安に思う大きな要素に違いない。「読んであげてください」と付け加えたはがきを出すことで、彼女たちの不安が少しでも解消するのならば……川野も「子どもの権利」について活動してきた人間だ。今はぼくとの関係が修復不能だと感じていたとしても、他人様の子どもをあずかっているのだ。そのくらいの配慮はできるだろう。しかしはがきは子どもたちの宛名が川野の住所になく、郵便局に留め置かれた末に戻って来た。その手続きをとったのは川野だった。

俊枝と川野のことは当面何かできることはなさそうだった。ぼくはあらためて子どもたちのことをどうするか、電話で吉崎に相談した。吉崎からは「あなたが子どもを見る気はあるの」と前と同じ質問が帰ってきた。

今ぼくは、そのもう一つの未来像を真剣に考えていた。そしてそのための努力をすることを吉崎に言った。今までは、ぼんやりとそれを考えたとしても、具体的にどうするかについて考えを巡らせていなかった。二人が取った行動を考えてみれば、俊枝にも親としての責任感があるとは思えず、まして川野はすべきでないことをしていた。人間どうしの信頼関係を壊すことにためらいのない二人のもとに子どもがいることが、子どもたちのためになるとはますます思えなくなってきた。今はたとえ消去法であっても、ぼくが子どもを見たほうがいい。幸いぼくは家族や周囲の協力を得られるし、仕事も自営業で時間の融通がつけられる。家族や行政の経済的な援助もないわけではない。

まだ子どもをどうするのかについて、話し合いの決着はついてはいなかった。でも現実にはぼくが子どもと離れてからもう一月近く経っていた。子どもを見たい、いや見るべきだ、という思いはあっても、果たしてそれをどうやって現実に結びつけるのか。

吉崎の答えは明快で、もしぼくにその気があるなら俊枝に頼むしかないという。実際、法的には親権は子どもたち二人とも俊枝にあった。でもぼくは法的なことと離れて俊枝たちと家族になろうとしたんだから、それが壊れた場合であっても、法律に沿った人間関係に従う必要もない。だがそれは目的のためには手段を選ばない俊枝や川野のやり方とは違って、何の強制力もない。だから道理を説いてお願いするしかない。当然一度親として差し出がましくふるまってきた詩織についても、菜種同様、娘として引き取るべきだし、それをぼくが嫌がる理由はさらにない。

ぼくは以前からの仕事で小笠原の無人島での学術調査に、登山要員として出かけることに決まっていた。近いうちに登山指導という名目で一週間ほど小笠原の父島に渡る。それ以前に俊枝と話し合うためのメールを出した。家の片づけもしてもらわないといけない。子どものことも話し合わないといけない。吉崎も同席すると伝えた。俊枝は東京に再度出て来ることに応じた。

チケットをとった。仕事もそうだけれど、先に一人で帰ってやることはいろいろあった。俊枝と離れて暮らすことを前提に、一人で暮らせる安アパートを借りていたものの、子どもたちと暮らすとなればそれも引き払って、新しく三人で暮らせる住まいを探さなければならない。ちょうど都営住宅の募集をしていた。もし子どもたちが引き取れるなら入居を応募してみよう。それには、子どもたちの住民票が必要だ。子どもを引き受けた場合のことを考えて、小笠原への事前渡航はキャンセルした。

俊枝とは前回と同じように矢川の旧宅で会うことにした。前回立ちあった遠山も同様に来てもらうことにした。ぼくの母親も吉崎の勧めで同席してもらうことにした。子どもたちの親族ではあるし、状況を知る権利はあるだろう。俊枝は詩織を福岡の川野のもとにあずけたまま、菜種だけを連れて上京した。夕方、ぼくたちと話し合いをした後、そのまま矢川の家に宿泊するのだという。

吉崎の車に母と同乗し、矢川の家に向かうと、俊枝は荷物が何もなくなった奥の座敷で待っていた。遠山も自転車でやってきた。手前の部屋に残った布団を敷き、菜種を寝かせたという。俊枝に断り、ふすまを開けて暗い中久しぶりに会う菜種の寝姿を見てほっとした。

話し合いは、なぜ福岡に行ったのか。俊枝の真意を聞き出すことからスタートした。庭を背にした奥に俊枝が座り、間に立会の遠山が座り、ぼくと吉崎と母は、台所側の手前で俊枝と面した。

「あなたは子どものことが決まるまではここを動かないと、私に約束したはずよ」

吉崎は言った。俊枝はぼくが子どもに会いに来たときに、後ろから抱きすくめられて、「宗像から逃れられないと思った」と言った。それを聞いて、ぼくは後悔するとともに、またぼくのせいかとうんざりもした。それは国立からいなくなる理由にはなっても、福岡に行く理由にはならない。

俊枝は、自分が福岡に行ってもいいかと川野に聞いたら、いったんはぼくと話し合うように言ったのだと川野をかばった。吉崎に頼まれて子どものことが決まるまでは国立にいるつもりだったけれど、一方で福岡に行ってからも、これでいいのか、国立に帰るべきではないのかと迷った、と吉崎の問いかけに答えていた。

「国立の選挙のことがテレビで出ていて、関口さんが市長になって、国立はすごいなあって」

ちょっと前に統一地方選挙があり、国立市では市民活動をしていた俊枝や川野の知り合いの一人が市長になっていたのだ。俊枝が意見の違いや毛色の違いを受け入れる国立の大らかさに、うらやましさを感じていたのは事実なのだろう。だから俊枝がやったことの意味は別にして、俊枝がそのまま国立にいられないようなきっかけを作ったぼくのことを、逆恨みしたくなる気持ちはわからなくもない。

俊枝の話が終わり今度はぼくが話した。ぼくは子どもたちはぼくに引き取らせてほしいと頼んだ。詩織も菜種と同様に引き取りたいと言ったら、俊枝は驚いたようだった。何よりぼくに聞きもせずに子どもたちを引き取り、その上そのことをウソをついてまで黙っていた川野のもとに子どもを見させることは承服できないと言った。

「あなただって同じことをしたじゃない」

俊枝は言った。それはぼくが詩織の父親に聞くことなく、俊枝と詩織を引き取ったことを指す。まるで自分の意思はそこに介在しないかのようだ。ただ詩織の父親と違って、ぼくはまだ完全には引き下がってはいなかった。「私には親権があるから」とぼくと二人のときには言った言葉は、四人の前では出ない。

結局ぼくは俊枝にその気があるのであれば、「国立に戻って来いよ」と言った。それは未練から言ったことであるかもしれない。だけど子どもを引き取るための方便で言うには荷の重いことだった。もはやいっしょには暮らせないにしても、子どもを間に挟んで国立で子どもたちをいっしょに育てることができれば、子どもたちにとってはそれが一番穏当な選択肢とは思えた。「愛している」とも口にした。もう一度やり直せることができるなら……でもほんとうにそんなことが自分にはできるのだろうか。

母は「あなたのことを本当の娘のように思っていたのよ」と俊枝に伝えた。立ち合いの遠山は、間で座っているだけで一言もしゃべらなかった。

「あなた、母親だからって子どもを見なければいけない、ということじゃないのよ」

吉崎が俊枝に語りかけはじめた。あなたは小さいころに離婚でお母さんと別れている。だけどお父さんがきちんとあなたのことを見守ったり、大事なときに手助けしてくれたりしたわけではない、吉崎は俊枝に言った。俊枝のほうににじり寄って俊枝の肩を抱いた。俊枝に自身の行為の意味を悟らせるというよりは、同じ女として俊枝の境遇に思いを寄せて話していた。しかしそれはぼくが俊枝から聞いてもいた話で真実でもあった。

俊枝の父親はまだ小さい俊枝とその兄を家に残して、何日も出張のために不在にして過ごすことが珍しくなかったという。高校を卒業した後も、彼女は自宅ではなく最終的に詩織を連れて帰ってくるまで、他人の家を転々としてもいる。そのことを父親は放任していたわけでもないだろうけれど、止めたわけでもなかっただろう。ぼくと暮らすときも結局は追認したし、現在俊枝が福岡にいることについても、状況を把握しているわけでもなさそうだった。俊枝が詩織を身ごもったときに、産むように促したのは彼女の父親だった。しかし俊枝の意向がそこにどの程度反映されていたのかについて具体的な話をぼくは聞いたことがなく、責任をとりようにも、父親はあくまで父親であって夫ではない。

「あなたにはお母さんだけじゃなくて、お父さんもいなかったんじゃないの？」

俊枝の肩を抱いた吉崎が言った。俊枝の目に涙が滲んだ。

「菜種ちゃんのお父さんは誰なの？」

「……宗像です」

吉崎の問いに俊枝が答えた。

「じゃあ、詩織ちゃんのお父さんは誰なの？」

一時、間が空いて「宗像です」と俊枝が言った。

「父親が子どもを見ると言っているのに、別の男に子どもを見させるというのは変じゃない」

「だけど川野は子どもたちのことをよく見てくれるんです」

俊枝が言う度に嫉妬と怒りの感情がぼやっとにじみ出て来る。「川野は子どもの面倒見がいいからね。だけどそのことと子どもたちをこの先も見続けるということは違うから」と吉崎は言った。

今回のことで、川野への失望は吉崎も同じだった。

ぼくは、しばらく後に小笠原への出張で、一月ほど東京を留守にすることが決まっていた。それまでは大分の実家に子どもを見させ、帰ってくるまでに、東京でいっしょに子どもたちと暮らす環境を整えて、その後子どもたちを引き取りたいと言った。

結局今すぐは決められないという俊枝に、いつまでだったら決められる？と吉崎が聞き、俊枝が三日先の日にちを挙げた。それまでは、昼間はぼくが子どもたちを見ることにし、夜間は矢川の家で俊枝が子どもたちを見ることにした。その場で俊枝が買ったばかりの携帯で川野に電話をかけ、詩織は福岡から翌日連れて来ることにした。

「あなたの気持ちが決まるまで、いつでも私のことを呼び出して。話を聞いて相談に乗るから」

吉崎は俊枝に言い残し、ぼくたちは引き上げることにした。ふすまを開け、寝息を立てる菜種の顔を見てほっとした。


翌朝、家に子どもたちを迎えに行ったぼくは、自宅の前の公園で子どもたちと遊んだ。

俊枝から電話がかかり、駅にやってきた詩織が泣いてどうしようもないと言われて迎えに行った。詩織は二階の改札から階下に続く階段の途中に腰掛けて、詩織を取り囲んで川野と俊枝が困り果てていた。ぼくは「お帰り」と言って詩織を抱きかかえた。一人川野と福岡に置いておいて、翌日にはやってこいという大人の都合への、それは詩織の最大限の戸惑いと抵抗だっただろう。

俊枝に「川野と話していかないか」と言われて断った。顔も見たくない心境だった。「彼は私に、あなたと話すように、って言ったのよ」と俊枝が川野をかばった。でも自分でぼくにどうなっているのか、電話をかけることはしなかった。駅の外から一人ぼっちで向こうを向いてホームに立つ川野を見送った。ぼくの知る限り、その後、川野が国立に足を踏み入れたということを知らない。俊枝はぼくが子どもと会っている間、川野と話しにでかけていった。じっとりと嫉妬心がにじみ出る。

自宅の前の公園に移動し、雲梯にぶら下がる詩織と菜種を手で支えながら遊んだ。それは傍から見れば、いつもと変わりなく遊ぶ父子の光景に見えただろう。でも家族は以前と同じにはもう戻れない。

子どもたちを自宅に届けると、俊枝は狭い縁側に座り、庭を見ながら泣いていた。自分が出ていった場所に再度戻って感傷が生じないわけもない。「あなたが出ていったから、私も出ていったのよ」とぼくに投げかける言葉に反発する気力は、ぼくにはもうなかった。ただ、何か不満があれば激しくぼくのことを責めた同じ人物とは思えないほどの、幼さと寄る辺のなさを彼女に見て、やろうと思えば何でもできる女性、という彼女への幻想が完全に壊れた。

そのさらに翌日、前日と同じように子どもたちを迎えに行った。詩織が自転車を持っていきたがっているから、と彼女が子どもたち二人を連れて出ていこうとするぼくに追いすがった。この日は俊枝があれこれと絡んでくるのだった。それは映画に行くのに路上で止められたように、いっしょに暮らしていたころも経験したことだ。

彼女の非難は止むことはなく、彼女から子どもたちを引き離すことがそこではできなかった。結局それに耐えかねて、ぼくはその場に泣き崩れ、携帯で吉崎を呼んで助けを呼んだ。吉崎が駆けつけると、俊枝が子どもたちに食べ物を施しながら、しゃがみこんでにらみつける前で、ぼくが畳の上に突っ伏して泣いていた。「この家族は完全に壊れている、と思った」と後に吉崎はそのときの光景をぼくに語った。

結局、ぼくは詩織と菜種といっしょに吉崎の車に乗せられ、少し離れたところにある市内の公園で遊んだ。母親もかけつけて、ぼくたち親子が遊ぶのを見守った。

その日、吉崎はそんな環境の中にいつまでも子どもたちを置いておくのは難しいと思ったのだろう、俊枝を説得して、暫定的であれ、大分に子どもたちを住まわせることを俊枝に同意してもらった。いつでも子どもたちに会いに行ってもいいし、子どもをどちらかが見ることになるのであれば、そのときまた吉崎を交えて話し合うことになる。吉崎は前日もその後も、夜遅くまでこれまでの身の上話も含めて俊枝の話を聞いて、これからどういう身の振り方をするのか俊枝と話していた。

翌日、吉崎の車で母とともに子どもたちを迎えに矢川の家に行ったとき、俊枝は子どもたちの荷物の用意をし、ポシェットを持たせて玄関先まで送り出して吉崎に渡したという。ぼくは母と子どもたち二人といっしょに羽田空港まで行き、手荷物検査のゲートで三人と別れた。詩織には事情を話していたけれど、菜種には告げずに姿を消して母に後を頼んだ。

今思えば、不安な子どもたちの前から黙って姿を消すのはそれ以上するべきではなかった。それを思うと、やはりぼくは子どもたちを少し小馬鹿にしていた。悪かったと思う。その日に入っていた仕事をすませれば、翌日には大分に行って子どもたちとしばらくいっしょに過ごすことにしていた。

その日がぼくたち家族の完全な一家離散の日となった。

第3章　子どもと暮らす

そしてその日は、ぼくが子どもたちと暮らすための生活をもう一度作り上げるための毎日の始まりだった。

大分に子どもたちをあずけているのは一時的なこと、生活の基盤は東京にあり、それを大分に移すことはぼくは考えてはいなかった。俊枝は子どもたちを渡してしばらくして福岡の川野のもとに去っていった。それはそれで驚きだった。子どもたちを育てるのに、俊枝をあてにするわけにはいかなさそうだ。

羽田空港で母と子どもたち三人と別れた翌日、ぼくは大分に行き、子どもたちと再びいっしょになった。すぐに携帯で俊枝を呼び出し、子どもたちと話をさせた。子どもを口実にして俊枝の感情を探る動機がないとは言えない。ぼく自身も彼女から自立できてはいなかった。とはいえ、母親から離れて子どもたちが暮らすのは生まれてはじめてだ。不安な子どもたちに母親の声を聞かせようと思った。受話器を手に、子どもたちが母親の声に耳を傾けていた。

受話器をぼくが再び手に取ると俊枝の訴えが始まった。俊枝はぼくが電話する前に子どもたちと話すために、大分のぼくの実家に電話し、そこでぼくの父親から「立派な母親になってから会いに来い」と言われたようだ。俊枝としてはいつでも子どもたちと話せるし、会えるという約束で子どもを渡したのだから、それでは話が違う。父親は俊枝にも川野にも怒っていたし、それは母親にしても同じことだった。俊枝は息子を捨てた上に、二人ともぼくを裏切ったことになる。その上、俊枝は再び福岡に行って川野と暮らしていた。当事者の親から見れば、受け入れがたい振る舞いだっただろう。

電話口で父親との会話を聞かされて、だったらぼくの母親に対応させるようにすると彼女に言った。大分の実家にぼくがずっといるわけにもいかない。「子どもたちに会いに来ないのか」と聞くと、そちらに行ってもどこで会えばいいのか、どうするのがいいのかわからないという。それはぼくが決められないことだ。

その後、俊枝からは再び電話があったけれど、ぼくへの非難が始まって対応できずに切ると、「あなたは父親と同じ」とメールが入った。子どものためとはいえ、彼女の肩を持つぼくの態度も、ぼくの両親には腹立たしいようだった。ぼくはぼくでせっかく子どもの居場所が決まったのに、これ以上もめて彼女が何かしてくることは避けたかった。親と食い違っても彼女に便宜を図っているのに、そんな返事かと思うと、たとえ未練が拭えなくても、彼女のためになにかをするという気がなくなる。

その夜、久しぶりに子どもたち二人をお風呂に入れ、三人で布団を並べた。

菜種はすぐに寝息をたてはじめた。暗い中、詩織に今まで帰ってこなかったことをしゃべって謝り、俊枝が今福岡にいるということを説明した。詩織はぼくと手をつなぎ、「充が返ってくるのを待ってた。毎日毎日待ってた」と、ぼくがいなくなってからの不安な日々を言葉にした。詩織の感情はいつも脇に置かれたままなのに、今も不安のままにこれからどうなるのだろうとぼくに頼るしかない。言葉もなかった。

「俊枝さんは川野君のことを好きになったから、また前のように四人でいっしょに暮らすことは充はできない。でも、俊枝さんと協力して、東京で詩織たちがまた暮らせるようにするから」

ぼくは言った。もう一度国立で子どもたちを引き取って、一人で育てていく環境を整えていかないとならない。一人で子育てをすることに不安はあるし、俊枝への未練があったり、俊枝の協力に期待したりする部分があるにしても、それに彼女が答えるかどうか。ぼくはそれができる環境を作るしかない。

大分で数日過ごした間、ぼくは子どもたちを久住山の登山へと連れて行った。ぼくが精神的に不安定になっているのを知っていたぼくの親たちは心配した。だけど、どこかへ出歩いて気晴らしでもしないとぼくももたない。

父に登山口まで送ってもらい、菜種を子ども用の背負子に載せてせいぜい数時間の久住山の頂を目指した。歩くのがつらくなったのか、取り合われないのに機嫌を損ねたのか、詩織が途中で歩かなくなり、山頂直下で癇癪を起してそこらにあった石を周囲に投げはじめた。しばらく待って詩織を迎えに行き、抱え上げて三人で山頂に立った。頂上から眼下に裾野の高原が広がっていた。たとえ一方的な願いであったとしても、そこから広がる世界に何かを感じてほしい。

大分で数日過ごし、ぼくは東京に戻って子どもたちを手元で育てるための準備を始めた。俊枝には子どもと暮らすために都営住宅に申し込みたいから、子どもたちの住民票を東京に戻してほしいとお願いして協力してもらった。結局、都営住宅は当たらず、新しい住まいを探さなければならなかった。

フリーランスのライターで時間の融通は効くにしても、仕事はしないとならない。子どもたちをあずけるところを探さなければ。詩織は公立の保育園を年度末に変わる手続きをしている最中に、親たちの騒動に巻き込まれた。俊枝は入園手続きをしないままだったので、あらためて菜種とともに入園の手続きをした。

ぼくの周囲では、せっかく子どもたちが大分のぼくの両親のもとで生活しているのなら、このまま大分で子どもたちを育て、ぼくがときどき大分に帰るようにするのがいいのではないかと言う人もいた。たしかに、子育てに大幅に関わってきたとはいっても、もっぱら子どもたちの面倒を見てきたのは俊枝のほうだ。だから子育てで俊枝をあてにできない以上、周囲の手助けなしで、ぼくが一人で二人の子どもをいきなり育てていくというのは、かなりの不安があった。

不安定な精神状態に、「多分子どもたちが手元にいたら、もっとしっかりすると思うんですよね」と言って、「それはちょっと乱暴な考えかも」と知り合いに言われもした。

家を新しく借り直し、引っ越しをすませ、保育園の手続きを進めて、一日も早く子どもたちと暮らすことができる日を取り戻したかった。それは一度壊れた家族を取り戻したいというぼくの欲求でもあった。それに子どもはやはり親といっしょに暮らすのがいいし、子どももそれを願っているはずだ。その思いをぼくは否定できない。

ばたばたと準備をして、ぼくは小笠原の無人島、南硫黄島への学術調査の調査補助の仕事に出かけていった。まさか俊枝とこういうふうになるとは予想していなかったから、準備のための小笠原への事前の渡航はキャンセルしたものの、仕事そのものは予定通り行くことにしていた。実際、子どもたちと暮らしていくのに、当面の軍資金も必要だった。


南硫黄島は二五年間人が立ち入っていない場所で、山頂は海抜九一六㍍ある。下部に岩壁があり、その部分の登攀も含めて、隊員たちの学術調査の登山の補助要員として同行したのだ。小笠原までも一週間に一回の船便しかない。その上小笠原の父島からさらに一昼夜、漁船で島の近海まで行き、そこから泳いで上陸する。行けば一月近く帰ってこられなかった。

こんな状況でなければ、めったにない冒険の機会に喜び勇んで出かけていっただろう。しかし、実際にはぼくはうつ状態で、島に着いても俊枝への未練や川野への恨み言で、毎日愚痴ばかりをまき散らして周囲をうんざりさせた。調査の支障にもなった。毎日後悔に苛まれ、そんな生活がもう何カ月も続いていた。「なんでそんなにひどい目にあって振られてんのに、未練があるの」と聞かれて、ぼくはようやく自分が女に振られたという、単純な事実に気づくありさまだった。家族を壊されたとかは思い上がりだ。

東京に向けて帰る小笠原からの船便で、東京に着けば子どもたちとの新しい生活がいよいよ始まる段階になってようやく、俊枝へ気持ちが冷め、今度は俊枝や川野への怒りの感情が湧いてきた。そもそも俊枝が元のように戻ってくることはないし、それをもはや自分は望んではいなかった。諦めがついたのだ。周囲に何と言われても、父親として子どもたちを国立に引き取り、なんとか暮らしていかなければならない、そう自覚が芽生えた。

東京に立ち寄り、すぐに大分に行った。真っ黒く日焼けしたぼくを玄関先で見て、菜種は知らない人に出会ったかのように、いったん家の奥に引っ込んだ。ぼくは大分での子どもたちの様子を親たちから聞かされた。それは毎日規則正しい生活のもとで、祖父母のもとでつつがなく暮らす穏やかな家庭の様子だった。

父母は子どもたちの面倒をしっかり見てくれてはいた。でも子どもたちの寂しさはぼくの胸にこたえた。少なくともぼくは子どもたちのそばにいてやりたかったし、大分でそれができるとは思わなかった。それに子どもたちのふるさとは国立だった。ぼくは二人を東京に連れていくと言った。

父親は反対した。せっかく二人ともここの生活が落ち着いてきたし、二人で四六時中子どもの面倒を見るのはたいへんだから、詩織だけでも地元の幼稚園に預けようかと手続きを聞いてきたのだと。

たしかに二人はこの間の生活の変動を経験した後であるにもかかわらず、ぼくの両親のもとでだいぶ生活が落ち着いて見えた。詩織はときどき癇癪を起して大泣きをしたという。両親は二人とも学校の先生をしてきて子どもたちを見てきた経験が長いから、慌てずに対処をしていた。それに父も言うように、ぼく自身の心が安定しないのに、子どもたちを一人で見ることができるのか。

それでもぼくは東京に二人を引き取る意思を変えなかった。自分の生活が軌道に乗れば、もう子どもたちと離れて暮らす必要もない。東京に三人でいれば少なくとも収入は何らかの形で確保できたし、夜はいっしょにいられる。子どもたちにとっては、ここにいるよりも母親にも会える確率は高いだろう。


七夕の日、ぼくは二人とともに飛行機で東京に戻り、国立に新しく借りたアパートに二人を連れて行った。しばらく生活が安定するまではと母にもついてきてもらった。まだがらんとしたアパートには、以前暮らしていたときに二人が使っていた小さな椅子やおもちゃ、お茶碗もあって、詩織はそれを確かめていた。そしてぼくに言った。

「ここで暮らすの?」

ぼくがそうだと言うと、「俊枝は?」とすぐに聞いてきた。

「俊枝はときどき会いに来るよ。もう大分に帰ることはなくて、充といっしょだから」

返事はなかった。その夜、スペースFで、出入りのみんなが集まってくるちょっとした宴があって、詩織たちを連れて行った。前のようにみんながぼくと二人の子どもたちを歓迎した。前と変わっているのは、そこに俊枝の姿がないということだった。

＊

翌日からぼくたちの父子家庭生活があわただしく始まった。それは楽しくも戸惑いの連続だった。

小笠原に行く前に子どもたちと暮らす家探しをする段階から、これまでとは違っていた。たとえ不動産屋でちょうどいい物件があったとしても、父子家庭であることや、自営業であることを言うと家主に断られるというのが何件か続いた。それはぼくが三〇も過ぎてから経験した差別体験だった。定職がなかったり、「ひとり親」で子どもの面倒を見ることが、社会的には不利に扱われるというのは、話に聞いてはいても実際体験してみないとわからない。自分が社会的には「たいしたことない」存在だったのだと、何件もの不動産屋とやり取りして感じた。

結局、知り合いに面倒見のいい不動産屋さんを紹介してもらって、大家さんの自宅の二階にある、日当たりのいい二間と台所のあるアパートへの入居を決めた。精神的にしんどい中での不動産屋回りも友達についてきてもらった。これまで知らず知らずの間に積んできた人間関係が、この後も役に立った。

詩織の保育園は、以前暮らしていたのと同じ保育園が再び決まった。一歳児の菜種の保育園はまだ決まっていなかったけれど、いずれそれが決まれば、保育園に子どもたちを送り迎えしながら、事務所のスペースFで以前と同じく仕事を続ける。しかし母が大分に帰れば、それを一人だけでこなすのは難しく思えた。あらかじめ周囲の友達や知り合いには、そういうときには手伝ってほしいと声をかけていた。

新しいアパートに越してきて早速、階下に住む大家さんに挨拶に行った。大家さんはぼくたちの事情をよく分かってくれていた。二階には三部屋あり、隣の部屋は年配の女性が一人で暮らしていて、反対側は大家さんの娘さんの一人暮らしだった。だから子どもたちはこの建物に住む唯一の子どもたちで、隣のおばさんにもジュースをもらったり、何かと気にかけてもらえる環境がここにはあった。

市役所にはひとり親の相談に行き、児童扶養手当や児童手当、医療費や水道代の減免措置など、受けられる援助を相談員に個別に教えてもらった。

今と違って当時、児童扶養手当は父親には支給されておらず、したがってその援助はもらえないのかと思ったら、父母に代わって子どもを見ている場合には支給されることがわかった。菜種の分はもらえないのに、詩織の分は支給される。父親には支給せずに血縁関係のない養育者には支給されるのは変な話だけれど、それは法律の不備なのでぼくたちには原因がない。養育に対する手当としてもらえるものだけもらっておくことにした。保育料はそこそこするので、それでもあるだけでだいぶ助かった。

ぼくが俊枝との生活で困っていたのは経済面だ。時間が融通できるとはいっても、お金はそれで発生しないので、むしろひとり親になって経済的に一定程度安定した。でもだからといって、俊枝がいない分、子どもにかける時間は以前より当然増す。

国立市の場合、ひとり親家庭に対し、ホームヘルパーの派遣事業があり、保育園に預けられない時間帯で、親の不在時に家事育児を代行してくれた。月に一〇日間利用できる。具体的にどうしていいのかわからないでまごまごしていると、吉崎が申請用紙を渡してそれに記入するように言った。ぼくの周囲の友人たちがベビーシッターを引き受けてくれた。

詩織の保育園は元の保育園に決まり、しばらくして申請していた菜種の保育園も決まった。それは以前、詩織が最初に通っていた保育園だった。ぼくはそれぞれの保育園に行って、これまでのいきさつを話した。面識のある先生たちが、ぼくが話すこれまでの経過を聞いて少し驚いていた。両方の保育園とも、俊枝が事情を説明せず、挨拶もしないままに詩織をやめさせたから、先生たちにしてみれば残念な思いが残っていた。不満があるなら言ってくれれば……それはぼくも同じだった。

詩織を連れて再び以前通っていた保育園に詩織を連れていった日、かつての詩織のクラスメートたちが何人か廊下まで出てきて、「詩織」と大きな声で歓迎してくれた。詩織は照れ臭かったのだろうか、また同じ保育園に通う説明がうまくできないと思ったのだろうか、玄関口で泣いてぼくから離れず、「大丈夫ですから」と先生たちが抱えてクラスに連れていった。出されたり入れられたり、物ではない。詩織が泣くのは当たり前だ。

迎えに行くと、園庭から詩織はすぐに駆け寄ってきてぼくの手を取った。保育園に持っていくものなど、今まで俊枝に任せていた部分が大きい。わからないことは全部聞いて自分が用意しないといけない。先生たちとのコミュニケーションも以前より密になった。

菜種の保育園は、自転車で一〇分ほど離れた場所にある。二人の送り迎えをするために、早速前後に子どもが乗れる自転車を買った。詩織を送り届けて、それから菜種の保育園に菜種を送り届ける。

はじめて保育園に通う菜種は、最初のうちは半日程度の慣らし保育から始まった。それでもあずけはじめて四日目には電話がかかってきて、菜種が熱を出したという。菜種にとっても、先生や同じ年の子どもたちとの付き合いははじめての経験で、負担になったのだろう。迎えに行って病院に連れていき、その日の仕事はできなくなる。それでも、保育園との連絡日誌で、まだおしめのとれない菜種が、保育園で一人でうんちができるようになったという報告があって、菜種の成長にうれしくなった。

親は半分になり、保育園は倍になったわけだから負担は四倍になった。これまで上京して以来、家には置いていなかったテレビを買って子どもにお守りをしてもらう。子どもたちは大分で、もうテレビのある生活に慣れていたのだ。

子どもたちとの生活の足しにしようと思って、障害者の介助の仕事も新しく始めた。休日にもその仕事が入るときがあり、そういうときは別の人に子どもたちを見てもらわなくてはならない。母親もおらず、せっかく父親と暮らし始めたのに、子どもたちにとっては寂しさが募っただろう。

仕事でたまに都心に出かけることもあった。そういうときは帰りが遅くなり、菜種の保育園に迎えに行った。広い部屋にほかに友達がほとんどおらず、菜種がさみしそうに遊んでいるのを見て、涙がこぼれそうになった。「菜種」と声をかけると、ぼくを見つけて嬉しそうに駆け寄って飛びついてきた。

毎日起きてご飯の用意をし、洗濯物を干して子どもを保育園に送り届け、仕事を終えて迎えに行って、ご飯の用意をして掃除をし、布団を敷いて寝る。そんな毎日をこなしていくのは、これまで離れて暮らしていただけに充実していた。

夜寝るときは、二人ともぼくといっしょに寝たくて、ぼくの取り合いになった。小さい菜種を一人で寝かせるわけにもいかず、お腹の上に菜種が登って来てそのまま寝てしまうと、取られたと思ったのか、詩織が涙を流していたこともあった。周囲の支えはあっても、それは母親と暮らせないことの裏返しの寂しさだったろう。

そのころぼくは、子どもたちとの生活を、日記代わりに短いエッセイにまとめていた。全部で八回までまとめたエッセイの一回目に、こんな文章をまとめた。

停電の夜に

母親と隣町で会ってきた詩織と菜種がなかなか帰ってこない。歩いて矢川駅に行けば、詩織が、「俊枝がいい」と泣き崩れた後で、顔がくしゃくしゃだった。

「充は俊枝にはなれないけど、詩織といっしょにいるから」と抱き上げて、今日買ってきた子どもの座席のついた自転車に乗せて家に帰る。

雨で予定していた花火ができなくなったものの、スイカを食べて機嫌を直した詩織に、「お風呂入るよ」と大きな声で呼びかける。「もれるもれる」と風呂場にやってきた詩織が、浴室でおしっこをしはじめる。つられてなのか、菜種も浴室の前で立ったままおしっこをしはじめる。おいおいとあわてて浴室の中に菜種を抱え入れる。

浴槽に詩織を入れ、ひげをそっていると、「バリバリバリ」と音がして、次の瞬間、周りが真っ暗になった。一瞬間を置いて、詩織と菜種が泣きはじめた。

「大丈夫。雷が落ちて電気が切れたんだよ」と言ってはみるものの、落雷と停電が結びつかない二人は泣き止まない。

「大丈夫だよ。充がいるんだから。すぐに電気つくよ。じゃあ歌を唄おっか」

「お山に雨が降りました～」と詩織が歌いはじめたとき、電気がつき二人も泣き止んだ。

半べその詩織の顔を見つめながら、「ほらね。充がいてよかっただろう」と口に出した言葉は、誰に向けられていたことだろう。

国立に戻ってすぐ、俊枝は吉崎を通じて子どもたちに会いたいと言ってきた。ひとり親家庭として周囲には受け入れられはじめていたものの、実際問題子どもたちの親はもう一人いるわけで、俊枝と別れた後の関係をどうしていくか、それは解の出ない問題だった。

そのころぼくの俊枝への感情は未練の裏返しなのか、「一人での子育ての苦労も知らないで、虫のいいことばっかり言って」と怒りの感情をコントロールできていなかった。子どもが落ち着くまでは会わせないほうがいいのではという人もいたし、そんな意見になびいて自分も会わせるのが億劫になってそれを吉崎にぼやいた。「別れた相手に子どもを会わせるのはいやな気分がするものよ。でもそれが子どもを引き受けるということだから。そんなにいやなら子どもを向こうに渡してしまいなさい」と吉崎は言った。

それを聞いてぼくはしぶしぶ子どもたちを会わせる段取りをつけた。俊枝の要求通り、子どもたちを二泊俊枝と過ごさせ、事情を話してそのために保育園を早退させた。俊枝と直接会えばまた口論になりかねない。それは避けたいので、知り合いの高校生の女の子にバイト代の一〇〇〇円を払って、矢川駅まで子どもたちの送迎を頼んだ。先のエッセイは二度目に子どもたちを俊枝に会わせたときのものだ。

帰って来た子どもたちは、自宅ではすまして普通にしていたけれど、やはりうれしいのか、詩織は俊枝がうっかり降りて来る踏切の遮断機のバーに頭をぶつけたときの様子を「俊枝がね、踏切の棒に頭をぶつけてポカーって」と何度もぼくに説明するのだった。その話を自転車の後部席に詩織が乗っているときもするので、ぼくが「俊枝の話はもういいよ」と言うと、怒った詩織がぼくの身体をポカッと叩いた。ぼくが喜んでくれると思って話したのに違いない。

実際一度詩織たちを会わせると、俊枝からは吉崎を経由して、耳かきの仕方まで一〇項目ほど子どもたちについての注意書きが届いた。そのころのぼくは、それを冷静な子育てのアドバイスと受け取ることはできなかったし、反発を強めるだけだった。取扱説明書のようで、子育てのアドバイスとしては細かすぎる。福岡に止まったままの俊枝に言われたくなかった。かといって俊枝がウィークリーマンションを借りて東京に引っ越してくる予定だと吉崎から聞けば、それはそれで動揺する。俊枝と会ってきた子どもたちには、俊枝がどこに住んでいるのか聞かれて、それも教えていないのかとぼくは驚いた。

二度目に俊枝が会いたいと言ってきたとき、ぼくはせっかく規則正しい生活ができるようになってきたのだから、保育園を休ませるのはよしてほしいと吉崎から俊枝に言ってもらった。その後の交流についても、毎週会わせればぼくと週末過ごす時間がなくなると伝えてもらった。

大分のぼくの母親からは、大分で過ごしていたときの子どもたちのおもちゃがたくさん送られてきた。その中に、大分に子どもたちを送り出すとき、俊枝が子どもたちに肩からさげさせたポシェットもあった。

母は俊枝から電話がかかってきたときには、子どもたちに取り次いでくれとぼくから頼まれて、同じ母親として俊枝のことが気になって仕方なかったと、小笠原から帰ってきたぼくに言ったことがある。子どもたちに電話がかかってこないので、一度自分から俊枝に電話して子どもたちと話させたのだという。「母親なんだから、いつでも電話してきなさいと俊枝さんには言ったのに、かかってこんやったわ」と母は寂しそうに言った。子どもたちにはまだ母親が必要だと、荷物の中にポシェットを入れたのだろう。

ぼくはそれを見て、自分が忘れたい俊枝のことをその度に思い起こさせられると苦々しく思い、子どもたちが寝ているときにそのポシェットを天袋にしまった。

翌日、あるはずのポシェットがないのに気付いた詩織が「どこにあるの」と聞いてきて、しぶしぶぼくはそれを取り出して詩織に渡した。

二度目に母親と会って、母親のことを嬉しそうに話す子どもたちを見て、ぼくはこの子たちから母親を奪うことなんてできはしない、そう思った。子どもたちを会わせている間、ぼくも自分の時間がとれはした。俊枝に子どもたちを会わせて子育ての分担を担ってもらうしかないではないか、そう思い直したとき事件はやってきた。

＊

菜種が火傷をした。

キャンプでバーベキューをしたとき、鉄板に手を押し当て、掌に水泡ができてしまった。

「ひとり親だから、子どもに目が行かなかったのかなあ」

しょんぼりしているぼくに、

「こういうときはみんなで見ているんだから、あなた一人の責任じゃないよ」

他の人がフォローしてくれる。

水で十分冷やした後、キャンプ場近くの病院に菜種を連れていく。火傷なんて気にすることなく、菜種が他の子と遊び回っているのに少し安心する。

キャンプから帰ってきて、早速翌日から保育園に行く前、菜種の病院通いが始まった。

これまでは子どもの病院も別れた妻に任せていた部分も大きかったから、病院の待合室で待っている間も、何だかちょっと心許ない。

「みんなの責任」って言ったって、子どもの面倒を最後まで見るのはぼくなわけで、掌の傷跡が残るかどうかが気にかかる。本人は自分の怪我の影響がわかっているのか、おとなしく治療を受けている。慣れたばかりの保育園で、プールに入れないのが少し気の毒だ。

「せっかくのキャンプが災難だったねえ」

連れていった保育園で、包帯を見て思わず口にした保育園の先生の言葉が、むしろぼくの胸にうずく。（八月一八日）

合計八回に及んだエッセイの一話にぼくはこう書き残していた。

子どもたちを国立に引き取った当初、大分での規則正しい生活に慣れていたのか、ご飯もしっかり食べ、聞き分けもよかった子どもたちは、ぼくとの生活に慣れるにつれて、だんだん言うことを聞かなくなっていった。食事中も席に着かなかったり、なかなか食べなかったりで、ぼくを困らせてぼくもいらいらしてときどき叱りつけることもあった。

これまで子育てに関わっているとはいっても、子どものことはほとんどのことは母親の俊枝が決めてきた。しかし俊枝がいなくなって、子どものことはすべてぼく一人が責任を持って決めていかなければならなくなった。母が大分に帰ると、その責任の重さはまったく予想外のものだった。怪我をしても熱を出しても子どもたちがいたずらをしても、ほかにだれかのせいにするわけにもいかず、毎日が気の張り詰めだった。

そんな中、スペースFに出入りする大人や子どもたちと、奥多摩のキャンプ場にみんなで出かけた。子どもたちと向き合うばかりでは煮詰まる日常から、ちょっとは子育てをほかの知り合いの親たちに任せられると思って出かけていったのだ。でも結局、菜種が火傷して、当日の病院回りから、帰って来てからの病院通いと、逆にあわただしくなった。菜種はキャンプ場で、知り合いのお母さんの胸に抱かれてぐっすりと眠っていた。こういうときに、子どもたちの母親がいたらと思ってしまう。

七月中に二度子どもたちを会わせてから、俊枝からの連絡はなくなった。吉崎からは俊枝が川野との間の子どもを妊娠したということを伝え聞いた。もう寄りを戻す気はなかったものの、それはそれでショックで、ぼくは国立で子どもたちを引き続き見ていくしかないと覚悟を決めた。その意向は吉崎を通じて俊枝にも伝わっていた。子どもの奪い合いになるなら裁判所を経ることになるし、それでは吉崎も間に入れない。いずれにしても、子育ての分担の話はいつかはするものだ。連絡がないのは俊枝が川野との家庭を作ることに専念したからだろうかとも思っていた。

あるとき俊枝から内容証明の郵便が届いた。それは俊枝が親権者だから、子どもたちを引き渡せという内容だった。あまり文章のまとまりもできていないので、弁護士の手が入ったとも思えなかった。

現在の子どもの状況はいずれにしても暫定的で、話し合って今後のことを決めていく姿勢そのものは変わらない。子どもたちが大きくなってどちらの親のもとで暮らせるか選べるようになるまでは、どちらの親とも交流を持っていくしかない。そのことは以前から変わりがないことで、今回の手紙はとても驚いた、という返事をぼくは出した。実際それはぼくがそのときに思っていたことだし、子どもたちがどっちの親のものなんて、物ではないから決められるわけもない。でも法的な争いになれば、たしかに親権のないぼくは有利にはならないだろう。

しばらくして自宅の駐輪場に自転車を置き、詩織と菜種を自転車から降ろして、大家も入れて四軒の入居者たちの集合ポストを見ると、子どもたち宛に俊枝からの手紙が入っていた。そんなことがあった後での俊枝からの手紙だった。

どっちにしろ二人はまだ読めないので、開けて中を見ると、あなたたちといっしょに暮らせるようになるまでママは頑張っている、と書いてあった。自分がこれから子どもたちを取り上げようとするかもしれない相手に読ませるつもりで手紙を書いたのかと思うと、その無神経ぶりに怒りが湧く。

その手紙を持って二階の部屋に上がると、ドアの前に子どもたちが待っていて、すぐにぼくが手紙を持っているのに気づいた。結局ぼくは子どもたちにせがまれてその手紙を読まざるをえなくなった。隠せば隠したで子どもたちのぼくへの不信が増しただろう。こんなこと手紙に書くぐらいだったら、子どもたちに今すぐ会いに来て自分でそれを話せばいいものを。

ぼくが一人でなんとか毎日を過ごせているのは、子どもたちがいるからだ。それが、俊枝が去り、以前の家庭が壊れた中で自分を律していくよすがでもあった。これで子どもたちがいなくなったらどうなるのか。生きていけるのだろうか。今も子どもたちを連れていかれて絶望的な気持ちになった末の生活だった。考えるだけでも地獄の深淵をのぞくような心持になった。

しかし事件はそれで終わらない。九月一九日、東京高等裁判所からの訴状と呼び出し状が次に届いた。来るとしたら家庭裁判所からの調停の呼び出し状だろうと思っていたので、訴状の一面にある「人身保護」という言葉を見て、これは何なのだろうと思った。

中身を見ると、親権者の意向を無視して子どもたちを無断で連れていき、親権者の引き渡しの要求にも応じず、最終的にネグレクトをしているから、子どもを引き渡せという請求を東京高裁に起こしたというものだ。ネグレクトなら児童相談所に通報だろうと思うけれど、相手が親権者ではないから、人身保護という聞き慣れない手続きをとったようだ。

ぼくが書面を受け取った日は九月に入った連休の初日で、あいにくどこも弁護士事務所は休みで、すぐに対応してくれる弁護士はいそうになかった。しかし裁判所からの呼び出しはせいぜい一週間後で、そこに丸腰で行くわけにはいかない。なんでそんなに早く呼び出されるのだ。

弁護士たちに聞いてわかったことは、人身保護請求というのは、通常個人が人権侵害を受けているときに、国家などの権力に対して本来用いる手続きで、たとえば死刑囚の死刑執行に待ったをかけたりするときに、この手続きを使うことがあったそうだ。

ロス疑惑で容疑者とされた三浦和義がサイパンに渡ったとき、アメリカの司法当局に拘束され、一事不再理の原則を侵害するとして、三浦の身柄を解放するために人身保護請求が出された。

現在の日本でそのような事例でこの手続きが用いられることはまれだ。本来想定していなかった子どもの奪い合い紛争で、迅速かつ超法規的なこの手続きが今は用いられている。主に親権者のもとから子どもが連れ去られた場合、連れ去った側からすれば「奪還」でも、連れ去られた側はこの手続きで子どもを取り戻す。俊枝の申請は高裁に対してなされた。地裁に対してなされても二審は最高裁になる。三審制をとらない点でもその超法規性はきわだっている。

気が動転する中、子どもたちを保育園に送り出してからはその対応で手いっぱいになった。ようやく一人での子育てに慣れてきたというのに、再び母親を大分から呼び出して子どもの世話は母に頼むことにした。

なにしろ一週間程度で相手の書面に反論しなければ、人身保護命令が出されてしまう。一度の事情聴取の後、命令が出されれば公開の法廷が開かれ、そこに子どもたちを連れていかなければならない。連れていけば形式的な裁判で子どもたちは俊枝たちに引き渡される。そして弁護士の話を総合すれば、案の定、親権のないぼくがこの裁判を勝ち抜くのは難しそうだった。詩織については血縁関係もない。姉妹を分けないほうがいいと裁判所が判断すれば二人に命令が出る。

書面を見ると、ぼくは悪質な「拘束者」と書かれていて、家族や子どものことを考えず、暴力を振るった末に家を何度も空け、子どもたちをネグレクトする父親になっていた。

結局、大学のときに所属していた山岳部のOBで、弁護士の駒宮隆に弁護を引き受けてもらった。他の案件を抱えて渋る駒宮に、ほかに相談する相手がいないからと無理を言って頼んだ。弁護士の駒宮にこの間の事情を説明しに行くのだって、友人たちの付き添いを得てやっと出かけるほど、そのときのぼくは疲弊していた。

駒宮は同じ法律事務所の別の弁護士の一人に声をかけ、二人でほぼ徹夜で裁判の書類を作ってくれた。ぼくも大急ぎで陳述書を作り、それができあがったころには同じく夜が白んできていた。自分のことで裁判所に行くのははじめての経験だった。見苦しくない程度に服装を整え、友人の遠山ともう一人が東京高裁第二特別部の待合室まで付き添ってくれた。

待合室で駒宮と合流し、裁判官の待つ部屋に向かった。ところがこの日、俊枝も川野といっしょに来ていることを駒宮に教えられた。この日は公開の法廷ではなく、ぼくの事情を聴取するという名目だったから、どうして俊枝が来ているのか不信が湧いた。俊枝の弁護士の小林徹も事情聴取の場にいるという。公開の法廷でもないのに、被害を訴える側が加害者の事情聴取の場にいること自体がまったく理解できなかった。人身保護請求では小林の所属事務所の永田町法律事務所の弁護士が六人、連名で代理人として名を連ねていた。後で聞けば、全員人権派の弁護士として名の通った人たちだという。連名で名前を連ねるのは相手側へのプレッシャーとして珍しいことではない。

ドアを開けると楕円形のテーブルの片側に三人の裁判官が、手前にスーツを来た俊枝の弁護士の小林がいた。裁判長の石川善則と二人の裁判官が楕円状のテーブルの向こうに座り、答弁書は当日裁判所に持ち込んだ。石川はのっけからこういった。

「この経歴を見るとあなた法学部なんですよね。だったらわかるでしょう。親権者が渡せって言ってるんだから、返すのが常識でしょう」

どうも石川は、ぼくが親権もないのにとんでもないことをしているから、それを指摘しさえすれば片が付くと思ったようだ。とはいえ子どもがかかっている。石川に言い返す。

「ぼくだってね、見てれば子どもに母親がいたほうがいいなんてことはわかりますよ……」

たしかに最初子どもを置いて家を出たのはぼくだ。だけどその後、俊枝は子どもたちを国立に残して福岡に戻ったわけで、ぼくは子どもたちを彼女に会わせていないわけでもない。俊枝が子どもに会いに来なくなって拘束というのは理解できない。親権者だからって、そんなのおかしいでしょって裁判官たちに向かって言う。ぼくは子どもたちの親なのだ。

「話し合ってと相手方には手紙で伝えています」

「それは子どもを向こうに渡してからすればいい」

「詩織は生まれてから国立で一番長く暮らしています。菜種にとっても生まれたところ。子どもたちにとってはふるさとなんですよ」

「それは関係ない。裁判官にも異動があるんだから」

耳を疑った。

「渡さなければ命令を出すんですか」

石川が頷いた。駒宮が「考える時間を下さい」と言って二人で待合室に戻った。待合室に遠山ともう一人が待っていてくれた。気は張ってはいたけれど疲れきってもいた。どうやっても命令は出る。一人の友人の膝を借りて声を張り上げて泣いた。

結局、駒宮と相談して任意で子どもを渡すことにした。そのまま裁判で争うことはできる。しかし命令は出るのだから、相手に都合のいい判決文しか書かないだろう。命令が出れば、最高裁でひっくり返せたとしても、子どもは一度相手に渡さなければならない。命令に違反すれば刑事罰を科される。

いずれにしても、親どうしは別れたのだから、どちらかが子どもたちを見なければならない。渡したといっても、それで一生会えなくなるわけでもないし、父親でなくなるわけでもない。いっしょに暮らしているときから、俊枝はぼくに子どもをあずけることについては安心していた。そのことはぼくが子どもを見ているときから、メールで彼女から度々伝えられていたことだった。法廷に戻った。

「合意書については面接交渉についての文言を入れると相手方は言っています」

石川が言う。子どもたちを拘束されたと述べる当人が、子どもを会わせるから解放しろという。まだ夫でもない男性とともに別室に待機し、子どもを渡せば結婚して養子縁組させるのだという。見え見えの田舎芝居だった。

結局、互いの合意を裁判所に見せ、それで俊枝が請求を取り下げるということになった。

「あなたねえ、弁護士としてこんなことして恥ずかしいと思わないの?」

小林に向かって言ったら、にらみ返してきた。

裁判所から帰ってきてもう一度考えた。

駒宮からは「あの場で決めることなんてできはしないよ。裁判所の気を使うことはないんだから」と言われていた。法的に難しいとはわかってはいても、最高裁には上訴できるし、親権者変更を申し立てるという手段は残っていた。対象は菜種だけになるにしても、できる限りの法的手段を尽くしたということで、後日菜種には、父親としてやるだけのことはしたという証拠にはなる。

だけどそうしようと踏ん切るだけの気力が、このときのぼくにはもう残っていなかった。今まで詩織も変わらず娘だと言っていたのに、法的にはとても対抗できそうにない詩織だけを渡すことになるのなら変な話だ。子どもたちを一人で引き取って以来、娘たちの前で「うちの娘たち」とほかの人には言うようにしてきた。でも闘う余地のある菜種をそれで諦めるのか。周りの人に、黙って子どもたちを渡していいのって言われて揺れた。ただ短かったにしても、二人の子育てをやりきったという思いはあった。こんな無茶苦茶なことをしてまで子どもたちを見たいというならやってみろ、という思いもちょっとはした。

詩織の保育園の運動会が一週間後に迫っていた。相手方と駒宮が折衝して、その運動会の翌日に子どもたちを引き渡すことにした。詩織にしたって練習していたのだ。さすがにそれには相手方も応じた。だけど法律通りに人身保護命令は出た。それでいいと思った。ぼくはその書面を保管し、自分が「拘束者」となり、子どもたちの親を「拘束者」とした俊枝と川野の行為を歴史に残すことにした。

俊枝たちから書類が届いてから、毎日子どもたちの相手は母親に任せて裁判の対応に追われた。

子どもたちと向き合う時間もなく、あったとしても憔悴しきって何をしゃべったらいいのかわからない。いきなりおばあちゃんが大分からやってきて、父親は無口になって家を空ける。何があったか一番気になっていたのは、子どもたちのはずだ。

命令が出てから詩織に「福岡に行くことになった」と話した。「どうして」と聞く詩織に、ぼくから満足な説明ができようもなく、俊枝と川野が二人を引き取りたいと言ったこと、自分もこのまま二人を見たいと言ったけれど、裁判所の命令でそれはできなかったことを説明した。

「詩織には良平パパがいて、詩織は良平パパと俊枝の子だってことは知っているよね——」

詩織がうなずいた。

「——これから詩織は福岡に行って充とは離れて暮らすことになる。だけど充はずっと詩織のお父さんだと思ってるんだから。これまでと変わらない。ごめんな充の力不足で。会いに行くからね」

「詩織のパパは充しかいない」

詩織が言った。

「でも、俊枝と川野君はちょっと充に意地悪だった」とぼくは付け加えた。

その翌日、詩織の足に湿疹が出た。保育園に送り届け仕事をしていると、保育園から電話がかかってきて、湿疹が全身に広がったというから慌てて保育園に迎えに行った。菜種が熱を出すことはあっても、詩織の保育園から呼び出しがかかるのは、俊枝といっしょに暮らしていたころも含めてはじめての経験だった。保育園に行くとたしかに詩織の湿疹は腕や背中にも広がり、そのまま皮膚科に連れていった。

「アレルギー性のものではないですね」という先生に事情を説明し、「精神的なものもあるんでしょうか」と聞くと、「それは否定できませんね」という。

保育園に迎えに行った帰り、自転車のかごの部分に据えられた子ども用の腰掛けに座る菜種に、「菜種は詩織といっしょに福岡に行くことになるから。充とはお別れだから」と説明した。菜種が何度も首を振った。菜種はまだしゃべれはしないにしても、大人の言うことは聞き分ける。これまで菜種への説明が足りなかったことに悪いなと思った。詩織の運動会の日にちは確保しても、その翌日の菜種の運動会の日にちは、交渉が難しくなることも思って確保しなかったのだ。

運動会の前日、詩織を保育園に迎えに行くと、夕暮れの中、詩織は一人の男の子と二人で話していた。以前詩織が好きだと話していた子だった。二人が話し終わると詩織に声をかけた。その子に「バイバイ」と手を振って、二人で園庭を後にした。

スペースFで開いた詩織と菜種のお別れ会には、詩織の担任の先生も含めて、国立の人三〇人ほどが来てくれた。詩織と菜種の友達も五人ほど集まった。そのときの写真は、今も写真立てに入れてぼくの部屋に飾っている。親子のお別れ会のとき、ぼくは詩織を膝に抱え、来てくれたみんなにこう言った。

「この子たち、人を信じることのつらさと、人を信じないことの寂しさをこれからたくさん学んでいくと思うんです。それでもぼくはこれからも、人を信じることのよさをこの子たちに伝えていきたい」

それがぼくが子どもたちに贈ることができる精一杯の言葉だった。

二人を俊枝たちに引き渡すに際し、ぼくは郵便はがきを何枚か詩織に渡し、「元気だったら○。そうじゃなかったら×を書いて送りな」と言って、ポストに行って出し方を教えた。

一〇月七日に二人を引き渡した。裁判所から書類を受け取ってからわずか二週間後だ。

当日の朝、二人のベビーシッターも引き受けてくれた友人の一人にもらったお守りを、二人に渡した。彼は路上で、以前自分で作った巾着袋を販売していたことがあったので、お願いして二人のために作ってもらった。その中に自宅の電話番号を入れ、詩織に電話のかけ方を教えた。「何かあったらいつでも電話しな」。そう詩織に言った。

時間になって受け渡し場所の国立駅に出かける前、二人の見送りのために集って来た友人たちと二人の弁護士といっしょに、スペースFの前でカメラに向かった。ぼくはお守りを手に持った菜種を胸に抱き、川合に抱かれた詩織はぎこちなくピースをした。

俊枝からは受け渡しで吉崎を外してくれるように小林弁護士から伝えられていた。何日も相談に乗ってもらいながら、結局、吉崎を裏切った俊枝に負い目があることは明白だった。ぼくはあえてお願いして、国立駅への受け渡しに吉崎をお願いした。これまでの経過を見届けて来た吉崎は、何も言わずに引き受けてくれた。

菜種を抱えて吉崎の車に弁護士と乗り、駅前で車を止めて子どもたちに「じゃあね」と別れを言うと、すぐに吉崎が二人の手を引いて弁護士とともに駅に向かった。戻ってきた吉崎は一人になっていた。母はこの日、一枚の便箋に何首かの短歌を作って、吉崎にお礼として手渡している。

別れゆく時を知らんか幼な子は　深き眠りに笑みを浮かべて

第4章　会えない親たちとの出会い

子どもたちを渡す前日の夜、ぼくは遠山を誘って詩織と菜種と四人で銭湯に行った。銭湯に行くのは、俊枝たちと出会う以前からのぼくや遠山との付き合いの仕方だった。子どもたちのために何か儀式的なことができるわけでもなく、送り出すのに家の小さなお風呂に二人を入れるよりはと、自転車に乗せて連れていった。事ここに至って話すこともあまりなく、遠山もとにかく子どもたちに努めて明るくしているようだった。

ぼくは家に帰ってきてから、近所のケーキ工場の直売所で四人分のケーキを買ってきて、母はぼくたちのためにカレーライスを作り、四人でそれを食べて、いつもより幾分華があっても当たり前の団欒を過ごして、二人とのこの家での最後の食事にした。それでもまたここにやってこられることは、子どもたちには告げた。

階下に住む大家さんが、ぼくがエアコンのない部屋で一人で子育てに悪戦苦闘する様を見てかわいそうに思ったのか、エアコンを付けてくれると言った。しかし子どもたちがそのエアコンの恩恵を被ることは実際にはできなかった。

翌日の夜、子どもたちを送り出した後の家には母とぼくしかいなかった。それは子どもたちを福岡に一度連れて行かれてから再びの母との夜だった。

子どもを渡したぼくは、ただ母親の前でなすすべもなく泣き崩れる無力な子どもだった。人身保護命令の中で子どもたちの「拘束者」とされて、法の力でぼくは子どもたちを奪われた。時間が経てば自分の今の悔しさも、理解される日が来るのだろうか。

子どもたちを渡したという行為自体も、自分が選んだことだった。それでも前に子どもたちと離ればなれになったときと違い、「会えるから」という希望だけがぼくを支えた。会えるようになり、それがぼくの生活の一部になれば、この間の一連の悔しさやあふれる感情も、過去の出来事として塗り重ねられていくに違いない。

人身保護命令が出た後、俊枝とは弁護士を介して合意書を交わした。その中には、「乙（相手方）は、甲（ぼく）から面接交渉の申し入れを受けたときは、その日時場所方法を誠実に協議するものとする」という文言があった。

子どもたちを引き渡すときには、最初の面会交流を一週間後の一〇月一四日にすること、月に一回は東京で面会交流をすることを弁護士の駒宮を通じて俊枝に伝えていた。月にもう一回は福岡に行って子どもと会うつもりだった。

子どもとの関係さえつなげれば、と思って理不尽な思いを呑み込んで任意での引き渡しに応じたのだ。子どもたちに「すぐに会いに行くから」と約束もした。いきなり別の環境の中で暮らし、寂しい思いをしているだろうと思うといても立ってもいられない。

子どもたちを国立駅前で渡して四日後の一〇月一一日、駒宮は俊枝にファックスを送っている。ぼくが大分から東京に子どもたちを連れてきて一週間後、俊枝は子どもたちと宿泊付で過ごしている。それに触れて、引き渡して一週間後の一四日の面会の履行を再度求めた。弁護士を通して連絡するように人身保護の際には言われていて、俊枝を通じては子どもたちと話せない。会うしかない。

返事は来なかった。無為に一四日は過ぎていった。やがて相手方からは一一月六日に面会をさせるという回答が来た。子どもたちを渡して、ちょうど一カ月後だ。期間はともかく平日でもあった。ぼくも平日は仕事をしている。

当時の弁護士間のやりとりを、残されたファックスから見ることができる。ぼくは弁護士の駒宮に向けて何度も交渉を急ぐように連絡していた。「これじゃ子どもたちとの約束が守れない」と周りの人たちに当たった。次々回の日時の設定、調整の期間を短くする希望、相手の日時設定についての理由を問いただすもの。すべてがこちらからのお願いに止まり、そのほとんどにまともに答えてもらえない。

「理由を聞いてくださいよ」

何度も駒宮を促した。駒宮は「聞いたって相手の感情を害するだけ」と、ぼくの希望をなかなか入れてはくれない。駒宮からのファックスには、駒宮もまたぼくを説得しているという文言もあった。一刻も早く子どもに会いたいという親の感情は、説得されるべきものなのか。

一一月六日で決まったはずの面会は、俊枝の気分に応じて条件が変わっていった。宿泊を伴う面会の希望が宿泊なしの面会になり、午前九時から午後五時までの面会時間が、午後四時までになった。ぼくが受け渡しに東京から連れて行く仲介者の人選を理由に、面会の取りやめを言ってきた。これはすでにチケットを取っているという理由で突っぱねた。しかし前日から当日に至っても時間の短縮が続く。結局、俊枝の同席のもとで午後からの三時間の面会が、途中休憩を挟んで実施されることになった。

福岡のホテルに着いてからも、駒宮から電話が入る度に条件が悪くなる。最後には「会えればいい」と思って怒る気力もなくなった。


一カ月ぶりに福岡の児童館で会った子どもたちとは、その間の一カ月が何事もなかったかのように過ごした。菜種は遊び疲れ、ぼくの胸に抱かれて眠っていた。四人でいっしょに暮らしていたとき、夜泣きした菜種を抱っこして寝かしつけるのはぼくの役目だった。子どもたちとボール遊びをし、精一杯、短いふれあいの時間を過ごした。

でも、俊枝がなかなか子どもを渡さず、このときの面会交流の受け渡しがスムーズに行かなかったことや、ぼくがそのとき彼女と直接話して土下座してお願いし、次回以降の面会交流を決めようとしたことを理由に、その後の面会の日時はなかなか決まらなかった。

俊枝は二カ月後の面会交流を提案していた。駒宮は間をとって一月後の面会を求めた。いくらぼくが求めたところで、実際に会わせないことができるのは俊枝で、その俊枝の行為をぼくが実力で規制できない以上、俊枝の提案以外の選択肢はない。

受け渡しで俊枝がいやな思いをしたということで、駒宮は強く主張することはできなかったようだ。駒宮からの回答がなかなか来ず、一週間ほど待った末に、駒宮が相手の弁護士との交渉をしていなかったというのを知った。

「駒宮さんにとっては、たくさんある事件の一つなのかもしれないけれど、ぼくにとってはこの件しかない。子どもたちと会うにはこうするしかないのに」

黙って平謝りする駒宮に怒りをぶつけた。しかし、それ以上の言葉もない。人身保護時の弁護士料は払っていたけれど、子どもたちを渡した後の俊枝との交渉は駒宮の善意だった。

俊枝との合意書の中身があいまいだったから、駒宮にとってみれば交渉に足がかりがなかった。それ自体は、俊枝はぼくに子どもをあずけることは信頼していたから、というぼくの見込みの甘さが原因だった。それを信じて駒宮は合意書の文言を決めたのだから。

それでも調停になれば窮屈な取り決めしか結べず、任意の交渉で面会交流の実績を積むべきだという駒宮の方針に、ぼくはこれ以上同意できなかった。子どもを渡して以降の俊枝の振る舞いを見て、俊枝の善意に期待していては会う見込みがつかないとぼくは思った。

駒宮の方針では調停にはならないので、ぼくは弁護士を変え、家庭裁判所に調停を申し立てることにした。調停をしたところでいい結果になると期待していたわけではない。これ以上何も決まらないまま待たされるのに、疲れきっていたのだ。

＊

途方に暮れるぼくを見かねて、ある日、吉崎が女性センターに置いてあるパンフレットを渡してくれた。子どもと引き離された親が相談する場所は、今もそうだけれど、そのころとても限られていた。

池袋にある家庭問題情報センター（ＦＰＩＣ）という団体は、家庭裁判所の調査官出身者が中心になって作っているもので、一度相談に行ってはみたものの、「調停を上げなさい」という以上のアドバイスはなかった。ぼくが期待していたのは、別れた相手と交渉して約束を守るように言い、会わせるように誰かが促してくれるということだった。どうやらそういうことをする民間団体は存在しないようだ。だから話し合えない相手と話し合うには、裁判所に調停を申し立て、相手を呼び出すしかない。

もう一つ紹介されていた「Father's Website」という団体は、インターネット上のホームページを開設していた。そこを見ると、ぼくと同じように子どもと会えなくなった親たちが作った団体だということがわかった。同じような境遇に陥った人はぼくだけではないようだ。また、似た状況に親たちが置かれるのは、その人個人のせいというよりは、制度の問題があるというのがわかった。

日本では離婚した後の親子の交流が、法律上の権利としてどこにも明記されていない。だから会わせないことに対するペナルティーもない。約束があったとしても強制できない。

しかし海外では違う。多くの国では、離婚した後も双方の親が子どもに対する権利と責任を引き続き持ち、法的な権利義務関係が明確になっている。つまり離婚した後、親権をどちらかの親に定めなければならない日本の単独親権制度に対して、共同親権が離婚後も適用される。その団体の活動目標も、日本の法制度を共同親権へ変えることだった。

　しかしそれを見てもぼくはまだピンと来てはいなかった。自分は俊枝との間で合意もあり、俊枝も会わせないとは言っていない。ぼくの状態はそこで紹介されているような親たちとは違う、もう少しましなのではないか。


　福岡で子どもたちと会ってしばらくして、ぼくは東京都心で開かれていた、子どもに会いたいのに会えない親たちの集まりに参加した。シングルファーザーだったときに、取材を受けて知り合った大学院生から教えてもらったのだ。ちょっとの間に境遇がずいぶん変わった。

　集まりがあった区立の公共施設の一室には、三〇代から四〇代の親たちが一〇人ほど、ロの字型に机を並べて座っていた。男性がほとんどだったけど、女性も数人交じっていた。一人ひとりが自分の体験や思いを述べて、それに周囲の人たちが自分の体験を重ね合わせながらアドバイスする。自助グループと呼ばれるものだ。アルコール依存やガン患者のものは知っていたけれど、自助グループには子どもに会えない親のものもある。

　数人の親たちが子どもに会えない現状を話した後、ぼくもこれまでの経過をかいつまんで話した。期間は短かったにしても「どこから話せばいいかなあ」とつぶやくほどに、いろんなことがあった。

ぼくは俊枝とは法的な結婚はしていなかった。だから他の人たちのように離婚調停や訴訟になって争ったり、条件闘争をしたりという余地があまりない。ほかの人たちも、ぼくのようなケースははじめてだったようだ。子どもたちを引き取ってすぐに、俊枝は川野と結婚した。子どもたちは福岡に行って早々に養子縁組されていた。そもそもそんな状況で調停を立てられるのかということ自体、その場にいる人たちに知識がなかった。もしかしたら手続きさえできないのでは、と聞いて冷や汗も出た。

子どもたちと別れる過程で眠れない夜が続き、睡眠薬を服用した。夜中にうなされて叫んで目を覚ます。どうしてぼくだけがこんな苦しい目に遭わなければならないのか、いつまでこれが続くのかと、そんな思いばかりで日に日に消耗していった。だから、ぼくだけじゃないんだということを、その場で感じられたことが大きな安心だった。「調停を上げればやることは決まってくるからね」と誰かが言っているのを聞いて、そういうものなのかと思った。

ある母親が話しはじめた。彼女は離婚時に夫とした約束を守り、一〇年にわたって子どもの姿を遠巻きに見守り続けた。「草葉の陰で見守る」とはまさにこのことだ。

彼女は、外国人の知り合いと話して、「それはおかしいよ」と言われた。そしてここに来て、ほかの子どもに会えない親たちの存在を知ることで、「子どもに会いたい」という思いが間違っていなかったと確かめた。ぼくからすればそんなの当たり前なのだけれど、それだけ子どもと引き離された親たちへの世間の眼差しは冷たい。

離婚すれば子どもは母親が見るものとされ、父親は会えなくても養育費を渡せば責任を果たしたことになる。だから子どもに会いたがる気持ちを隠さない父親がいる一方、子どもを引き取っていない母親を見るまなざしは偏見に満ちている。普通の反応は、子どもを相手との関係を維持するための道具にしている、子どもを育てられないだけの原因がある、「何か会えなくなるようなことしたの?」、というものだ。しかし、裁判所に行って子どもに会おうとしてもなかなか実現しない、という知識は質問するほうにはない。普通は裁判所に行けば子どもと会えるようになると思っているからだ。実際にはそうではない。

ほかの人たちの話を聞きながら、相手と面会交流の約束のあるぼくはまだましだろうかと、相変わらずぼくは思った。

「二年間会えていない」、「ぼくは会えなくなって一年半になる」というのをほかの親たちが言うのを聞いてびっくりした。俊枝は会わせないとは言っていなかったので、二、三回の調停で合意ができれば、その間会えないにしても、数カ月待てば子どもたちと会えるはずだ。だけど中には、ぼくと同じように曖昧な面会条項で離婚に合意し、その後子どもと会えなくなっている人もいる。

子どもと会えなくなった親の気持ち……「経験しないとわかんないよね」と親たちはよく言う。子どもとの愛着関係を築いてきた親であればあるほど、生木を引き裂かれるような感覚になる。親としての自意識で自分を支えてきた親であればあるほど、子どもに会えなくなる事態は自分を否定されたかのような感覚に陥る。家庭を自分の支えにしてきた人も多い。離婚のダメージに加えて自信を喪失する。その状態に光が見えないと、この先一生、子どもに会えないのではないかとますます不安と絶望、そして恐怖を深める。一〇年間子どもを見守っていたというその母親には、一年くらい後にこう言われた。

「宗像さん、あのとき目がうつろになっていたよ」

同情されていたのは、そのとき彼らの仲間入りをした自分自身だった。

法と制度がぼくのような親たちと、そして離婚によって親を失う子どもたちを日々生んでいるとするなら、これは間違いなく社会問題だった。

*

互いに思いあう親子が離ればなれになる現象を、都心の自助グループに出席する親たちは「引き離し」と呼んでいた。それは焦点を、「会えなくなる」という状態から「会わせなくする」という行為に移す言葉であり、それ故、その「引き離し」の解消を求める運動へと親たちの意識を向けさせた。

当時自助グループに集まっていた親たちの間では、「引き離し歴〇年」という自己紹介の仕方が行なわれていた。それはやられっぱなしの親たちのささやかな蜂起の狼煙だった。

二〇〇七年の年末に子どもと会えなくなり、年明けに自助グループに顔を出したぼくは、二月に調停が始まるまでの間、時間があった。俊枝たちは川野の転勤で四月から東京周辺に引っ越してくることを、弁護士を通じて伝えてきた。調停は現実的には、彼らが東京に引っ越してきてから始まることになりそうだった。そこでぼくはそれまでの間、この「引き離し」に焦点を当てた運動に手を付けてみることにした。声の上げ方は、ぼくが国立の市民運動の経験の中である程度身に着けてきた。

ぼくは国立市内に住み、以前から面識のある内山京子に声をかけた。彼女もまた、子どもを連れて家を出て、その後、裁判所の調停の中で子どもを会わせていたときに、そのまま四歳の息子を夫の家から返してもらえなくなり、引き離された親の一人だった。この時点ですでに一三年、子どもと会ってはいなかった。ぼくは一見独身に見える彼女に、生き別れの子どもがいるということは人から聞いて知っていた。

市内でもう一人子どもと離れて暮らす母親と、都心の自助グループに出ていて八王子に住んでいた父親、それに俊枝をぼくに紹介した川合陽子が加わって、五人で作ったグループに「くにたち子どもとの交流を求める親の会」と名前を付けた。国などの関係機関に法改正を求める意見書を提出するように、国立市議会に陳情を提出することにした。

陳情に合わせた署名用紙を用意し、市内の公民館を会場に「離婚したら親子はどうなるの?」と題した集会の開催を決めた。その集会を知らせるチラシには、「親子の引き離し」というサブタイトルを付け、市内の掲示板に貼っていった。念押しで内山とともに立川市役所の記者クラブで、集会の案内をする記者会見をした。

記者会見では内山とぼく、それに呼びかけに応えた父親が自分の状況を説明した。それぞれ目的は違うとはいえ、親子を引き離すための手段は、人身保護命令やDV防止法による保護命令や自治体の役所での住所非開示措置、ストーカー規制法による接近禁止命令と、被害者保護を名目に近年整えられてきた。しかし、子どもと会うための法律はない。

ソファに腰掛けて記者と意見交換をする記者会見だ。四人の記者が集まり口ぐちに「知らなかった」と感想を述べた。受付の女性職員が内山の話を聞きながらもらい泣きをした。この日三月一一日に、ぼくは当事者としてカミングアウトした。ソファに座っているぼくは、そのことでどんなことが起きるのかまだ把握していない。翌日以降、朝日、読売、毎日、東京の新聞四社がそれぞれ、「子どもに会えない親の集いが開催」と記事にして紹介してくれた。

チラシではスペースFの電話番号を連絡先にしていたため、新聞記事を見た人からどのような反発が来るだろうかとドキドキした。実際には何もない。問い合わせが何件かあったため、それなりの反響は予想できたものの、三〇人以上の親たちが小さなくにたち公民館の一室に集まった。

当日、臨床心理士の須田桂吾が、「なぜ会えないの？　離婚後の親子」と題して話をした。須田自身も子どもと引き離された末に、都心の自助グループを主催するようになり、そこにぼくが足を運んだ。引き離しという現象がどのような背景のもとで生じているのかを彼は説明した。子どもを連れ去れば自動的に親権を手にし、親権を失えば親子関係をつなぐ担保がなくなる。だから親権を得るための連れ去りが起きる。それぞれ目的の違う被害者保護のための法律を目的外使用してまで、親子を無自覚に引き離す。単独親権でそれが正当化される。

もう一人、戸籍を研究しているライターの佐藤文明が、親権や面会交流と戸籍との関係について話した。彼の書いた『フォー ビギナーズ 戸籍』は、日本の女性運動、男性運動の古典となり、この本を読んで事実婚を選んだカップルは少なくない。家の枠組み、つまり戸籍が単独親権制度の背景にあると思ったぼくは、佐藤にその点からの解説を求めた。

二人は「親権」という言葉に疑問を呈した。海外では子どもの視点から法改正がなされ、親責任という言葉も用いられるようになった。日本の親権制度と法律上の不備が、自分が子どもに会えない原因の一つになっているというのは、どう考えても否定できない。この時期、さして多くない専門書をむさぼるように読んだぼくの疑問は膨らむばかりだった。

集まってきたのは三〇代から四〇代の親たちで、大半が父親だったけれど、母親や祖父母の当事者もちらほらといた。親たちは二人の話を聞き、他にも同じ境遇の親たちがいるのを知って涙ぐむ。その中で三二歳のぼくは若いほうだ。主催者として自分の話をするときにはやはり涙がこぼれた。

須田は子どもと暮らす親が、離れて暮らす親から子どもを遠ざけることがあり、海外では、片親引き離し症候群（Parental Alienation Syndrome）と呼ばれる現象として知られていることを解説した。頭文字をとってPASという。

　このころ裁判所のホームページに、「面接交渉（当時は「面会交流」がこう呼ばれていた）と家庭裁判所の児童室について」という文章が載った。書いたのは、東京家庭裁判所の主任調査官、町田隆司だ。

　調査官は家庭裁判所の職員で、親権や面会交流がからむケースにおいては、子どもの様子を自宅まで訪ねて調べたり、家庭裁判所にある児童室（プレイルーム）で、会えなくなって期間の長い親子を実験的に会わせたりして、その後の面会交流につなげたりすることもある。町田の文章は、この児童室の紹介とともに片親引き離し症候群について紹介する。子どもと暮らす同居親、法律用語で言う「監護親」の側について、町田はこう説明する。

「会わせることにいろいろな抵抗感を抱くことがあります。よく聞く理由としては、会わせると子どもが精神的に不安定になる、離婚前の辛い日々が思い出される、子どもを奪われる心配がある、相手の顔を見なければならない……といったものがあります。会わせなければならないと思いながらも、ついつい気が重くなり、『子どもが会いたいと言い出すまで待ってほしい』と消極的になってしまいます」

　一方、非監護親（別居親）についてはこう解説する。

「なかなか煮えきらない監護親に、もともと会わせる気がないのではないか、子どもから私（非監護親）の思い出を消し去ろうとしているのではないか、といった具合に、疑心暗鬼になってしまいます」

これは、ぼく自身が強く感じた感情を言い当てている。子どもに忘れられてしまうのではないかという焦りは相当のものだ。特に小さい子どもは覚えたこともすぐ忘れてしまう。繰り返し慣れさせて親を認識させる必要がある時期に、自分の子どもに人見知りされても、その後いっしょに暮らして自分に慣れさせるわけにはいかない。

積極的に別居親の悪口を言って、その影響で「会いたくない」と子どもが言いだせば「洗脳」が成功したことになる。あえて子どもに何か吹き込まなくても、別れた親の話題を出せば嫌な顔をする同居親の顔色を見て、子どもはやはり「会いたい」とは言い出せない。

それぞれの親子関係の実態を見ることなく、父親、母親、子どもという戸籍が想定する一セットの家族関係のみを重視し、それ以外の家族関係を例外として扱えば、親権のあるなしで親子関係を表面的にとらえることのできる単独親権制度は最適だ。個人個人の関係よりも、戸籍に象徴される家族関係を埋めるパーツとして個人をとらえる……それが問題なのだろう。

一方子どもは、戸籍による家族関係に適合的である限りにおいて、「健全な成長」を保障される。だから離婚した場合、別居親は「子どものことは忘れて早く再婚して新しい子どもを作りなさい」と言われ、同居親は「子どものために再婚しなさい」と言われる。

しかし考えてみれば、両親といっしょに過ごしていないからといって、憐憫のみで子どもを見る社会のあり方そのものが差別的なのだ。両親が身近にいたところで、虐待がなくなるわけもない。

そもそも未婚時や離婚した場合、いっしょに暮していなくても親はいるのだ。

それは、法律婚における夫婦同姓の強制や婚外子の相続分差別の問題、それに当時話題になっていた離婚後三〇〇日の女性の再婚禁止規定等々、民法上に残された差別的な規定それぞれと共通する問題である。違っているのは、主にこれら既存の運動が、女性の権利の問題として女性たちが問題にしてきたテーマであるのに対して、離婚・未婚時において単独親権制度を強制する民法上の規定は、その被害者がもっぱら男性であることだ。

しかし同時にこんなことも言える。婚外子が婚内子の半分の相続しかできない、婚外子の相続分差別の民法上の規定が子どもへの差別であるように、いるはずの両親と人間的な交流を持つことが法によって規制され、単独親権制度により一方の親のみによる養育を子どもが強制されることになれば、それはまた、離婚という親の地位の変動によって、子どもが不平等な扱いを受けるという点で、同様に婚外子差別である。離婚するのは親なのに、そのことで親の愛情を諦めざるをえなくなるのは子どもなのだ。

それも無理な話ならともかく、海外では普通に親子は会っているのだ。離婚という親どうしの問題に子どもを巻き込んでいるのは、やはり単独親権を強制する日本の制度ということになる。問題は、子どもが親と引き離されることによるマイナスの影響は、それ自体は目に見えにくいし、血縁の有無にかかわらず、両親がそろっていることが子どもの利益だと考える見方からすれば、親が再婚すれば問題は解決するので、その影響は気づきにくいということだ。

　このときぼくたちが市内の掲示板に貼ったチラシを見て、一通の電子メールが連絡先になっていたぼくのメールアドレスに届いた。

　メールの差出人の女性は、三〇歳を前にして父親に会おうかどうか迷っていた。母親からは、一歳のころに別れた父親は死んだと教えられていたという。成人して父がいることを知り、チラシを見て、「私も父親に会っていいんだと思った」という。

　しばらくメールのやり取りが続き、やがて彼女からは父親に会ったというメールが届いた。三〇年ぶりの父親との再会は、彼女が思い描いていたものとは違っていた。感動物語というほどには歓迎されたわけでもなかったようだ。それでも、三〇歳を前に親との関係に区切りをつけたかったという彼女の願いは達成された。ぼくたちの存在が、そんな彼女の励ましに幾分かはなっただろうか。

　ぼくはそのとき思った。自分がくぐった惨めな体験を人に言うことが、人の役に立つこともあるのだなと。

第5章　共同親権運動

「今は無理」という理由をいろいろ伝えてくる俊枝に対して、ぼくは俊枝が応じるまで待つという駒宮の方針から自由になり、調停を申し立てた。いつになったら子どもたちを会わせるのか、俊枝はけして答えはしなかったし、たとえ月一回しか会えることにならなかったとしても、永遠に会えないよりはましだ。

ぼくは前からの知りあいだった清水一恵に、新たに弁護を頼んで調停を申し立てた。清水とは自衛隊官舎への市民団体のポスティングが、住居侵入罪に問われた事件の救援活動の中で知り合いになった。さっぱりした気性は前から知っていた。

一日でも早く手続をすれば、子どもたちに会う日がそれだけ早くなる。そんな思いで清水にお願いして、福岡の家裁に面会交流の調停を申し立てた。

俊枝の弁護士の小林は、川野の転勤で東京近辺に子どもたちが川野とともに四月に引っ越してくることは教えてくれた。でもそれがいつになるのか、どこになるのかは、彼も知らなかった。

結局、四月になってから、清水が戸籍の付票から引っ越し先を調べてくれて、千葉県にいることがわかった。それを清水が小林に伝えると、小林が清水に転居先を教えて欲しいと言ってきた。清水が住所を教えると、小林は俊枝の代理人を辞任した。川野も俊枝も住み慣れた国立に帰ってくることはできなかった。

福岡から千葉の家庭裁判所に申し立て直した調停は始まるまでに時間がかかり、一回目はゴールデンウィーク後の二〇〇八年五月一九日だった。俊枝たちは「都合が悪い」といってその調停を欠席した。ぼくの話を聞くだけの調停委員たちに、子どもと会うのをこれまで何回も相手が断り続けたことを、一生懸命しゃべった。

面会交流の申し立て自体、俊枝だけでなく、俊枝と結婚した川野も親権者として対象になると言われた。子どもたちのことは俊枝とぼくの間のことなのに、「そんなの変じゃない」と清水は言ったけど現実はそのようだ。俊枝たちが欠席したので、調査官の南真理が口添えして、裁判官を呼んでその場で評議になった。調停の進行は民間から選ばれた男女の調停委員二名と、裁判官との合議で方針が決められる。

待合室から呼び出されて再び六畳ほどの広さの調停室に戻ると、初老の裁判官が座っていて出頭勧告を出してくれるという。南は千葉家裁の主任調査官なので慣れてはいるようで、「早く会えたほうがいいよね」と言ってくれた。

ぼくたちの働きかけによって国立市議会から国に出された意見書や、ぼくたちが法務省に向けて出した要望書を彼らに手渡した。

「宗像さん、ここでのことブログに書いたりします？」

聞き取りが終わって席を立とうとすると、南が聞いてきた。

「どうしてほしいですか？」

「いえ、だったらちゃんとやんないとと思って」

そうじゃなくてもちゃんとやってはほしい。

一回目の調停の後、ぼくは俊枝の元弁護士の小林に、人身保護法を濫用し子どもの奪い合いを助長したことで、懲戒請求を出している。この制度は、元大阪市長の橋下徹が、光市母子殺害事件の容疑者の代理人弁護士、安田好弘を懲戒請求するように呼びかけて有名になった。請求を出されると、一度は弁護士会に呼び出されて弁明しなければならない。弁護士が「品位を失うべき非行」をした場合に、所属の弁護士会や日弁連から懲戒される。

後に人身保護請求という手続きを俊枝に教えたのは、俊枝側の弁護士であったことが、ぼくが起こした裁判の中で明らかになっている。小林は俊枝に手続きを教え、子どもたちに会わせると裁判所に言って合意書まで作ったのに、結局は約束を空証文にした。その挙句、無責任に辞任した。ぼくだけでなく裁判所まで騙している。一方、小林の出してきた資料には、小林が再三、面会の日時設定をするよう川野に促しているメールが何通もある。

第二東京弁護士会に事情説明のため赴き、事前審査のための綱紀委員会の弁護士二人に「離婚しても、子どもが両方の親に会えるようにしたほうがいいじゃないですか」と訴えると、「それは思想でしょ」と言い返された。通常懲戒されるのは弁護士が不法行為を働いた場合だ。しかし不法行為でさえなければ、逆に弁護士会が所属弁護士を懲戒することはめったにない。結局小林たちが一つの家族を壊した行為を弁護士たちは問えなかった。脱法支援を法律家がうながしているかのようだ。

運動を始めたぼくたちは当時、「やめよう人質弁護！　なくそう人質調停！」というキャンペーンを始めていた。

子どもとの面会を取引条件にして、離婚や慰謝料、それに一定額以上の養育費を請求する行為が家事事件においては普通になされている。元教師や民生委員など、四〇歳以上の地域の名士たちから主に選ばれる調停委員たちは、専門の訓練を受けているわけではない。片方の要望を伝言ゲームのように他方に伝えるばかりで、逆に落としやすいほうを落とすための斡旋の手法として、人質取引を使うこともある。

これらは犯罪に間違いないのだけれど、調停は密室だから表に出ない。無論、弁護士たちはそれを知って平気で金を請求してきたりする。母親に対しては「あなたまだ若いんだから再婚して子どもを生めるでしょう」と言い、父親に対しては「子どもは母親が育てるのが当たり前」と言い放つ、セクハラ発言もまかり通っていた。家裁は無法地帯だった。

そのころぼくたちは、子どもに会えなくなって、新しくぼくたちの団体にやってきた親たちに、「ぼくたちハエですよ、ハエ」と説明していた。裁判所に行けば理屈が通じて何とかしてくれると思っていたのに、結果会えないとなれば、「バシッ」とハエタタキで打ち落とされるようなものだ。

親たちの話をたくさん聞けば聞くほど、裁判所にまともなルールがあるとは思えなかった。あるのは唯一、「先に取った者勝ち」という「ジャングルの掟」だ。

子どもに会えなくなるには一定のパターンがある。ある日夫が家に帰ると、妻が子どもとともにいなくなっている。一方的に子どもを連れていった妻の側は、子どもを会わせれば連れ戻されるから子どもを会わせない。子どもに会わせてもらえないから夫のほうは怒る。その状態で家庭裁判所に助けを求めると「高葛藤」と言われて、面会拒否の理由にされる。結局、どうやったって子どもとは会えない。離婚を考えた側が仕組みを知って、子どもと暮らしたいと願えば、先に子どもを連れ出そうと一度は頭をよぎるだろう。元裁判官の弁護士が、連れ去られた子どもを実際に取り返そうとした事例まである。

日頃は冷静な人であっても、子どもに会えないという絶望的な状況に投げ込まれれば、やり場のない感情を相手に向けるか自分に向けるかだ。理屈が通じないのだから、冷静になれというほうが無理がある。実際、ぼくが運動を始めてからも毎年のように子どもに会えない父親が自殺したという話を聞いている。またフランス大使館は、日本人との離婚と子どもとの面会にからみ、フランス人の父親が、三人自殺していることを一時期ホームページに公表していた。

親子交流の頻度は、家庭裁判所の手続きを経た場合、当時では月一回が最高の回数だった。調停委員たちは、子どもに会えなくなった親に「月に一回でも会えないよりましよ」と言い、会わせたくない親に「月に一回くらい会わせたっていいじゃない」と説得する。親との関係を維持するために、どの程度の頻度が子どもにとって必要なのかという視点はそこにはない。

実際には子どもを現に見ている側の拒否感情の強さで回数は決まる。これにしたって相手が拒めば意味のない取り決めになる。交流を制約された子どもや別居親にとっては、頻繁に会えている親もいるのに、なぜ自分たちだけがという気になる。相手の拒否感情の強さは、会えない側の個性の問題だろうか。信じられないことに、親どうしで月に二回の回数で合意できているのに、家裁が斡旋して月に一回に減らされることすら当時はあった。

時間も問題だ。月に一回といっても家裁が認めるのは二～三時間。はじめて会う人に説明すると、「宗像さん、牢屋にでも入っていたんですか？」と真顔で言われたこともある。

毎月会えているにしても、月に二時間だと年に二四時間にしかならない。三六五日分の二四時間でどうやって子育てをすればいいのだろう。

出頭勧告が出たからか、二度目の調停を前に俊枝たちはわざわざ裁判所にやってきて事情を説明していた。調停委員たちは、次の調停までに詩織と菜種を連れてくるように俊枝たちに言ったようだ。ぼくは海外の面会交流のガイドラインや子どもの権利条約、使えそうな資料を全部持ってきて、南たちに手渡した。

アメリカでは、州ごとに年齢に応じた養育時間のガイドラインが定められている。特に小さい子どもは記憶のタイムスパンが短い。より頻繁に面会交流が行われるのが望ましいとされている。小さいうちは同居親の協力が必要なのでと、面会交流をいっそう制限する日本とは正反対だ。

結局、次の調停にも俊枝たちは子どもたちを連れてこず、南が俊枝たちに会わせるときの条件をわざわざ聞いた。それがまた一〇項目ぐらいある。ぼくに新しく俊枝と川野との間の子の子育てを手伝う理由はないのだけれど、ぼくの手元にあって、もう菜種も使わなくなっていたおむつを送れというものもあった。人質調停の記入用紙を見せて、同じようにぼくにも条件を聞いて欲しいと言った。そして俊枝の出した項目を「これは条件ですか」と確かめた。「いいえ、要望です」と調停委員が打ち消す。

「要望」の中には、親どうし冷静に話し合いたいから運動をやめてほしいというのもあった。調停委員も「調停の間だけでも控えてくれたら」という。さすがにそれで会えなくなっては、とぼくは動揺して清水に相談した。清水は「絶対やめちゃダメ」とぼくに言った。

この日、三度目の調停期日と子どもとの試行面会を、南が調停委員に口添えして設定してくれた。試行面会は、マジックミラーの向こうに相手がいる前で、ぼくが子どもたちに会うのを観察し、相手の感情を和らげる家庭裁判所の工夫だ。と言えば聞こえはいいけれど、要するに動物実験だ。

ぼくは俊枝が見るのはまだわかるけれど、なぜ子どもを父親から奪って、父親を名乗った川野までがガラス越しにぼくを見るのか理解できなくて、それはやめてほしいと頼んだ。信じられないことに調停委員に理由を聞かれる。黙っていたら、さすがに清水が「屈辱だからだよね」と横で言った。結局、「親権者だから」という理由で川野が席を外すことはなかった。ぼくは犯罪者ではないので、マジックミラー越しに他人から監視されながら、子どもと会わなければならない理由はない。

家裁では親権者の意向は、憲法に定められた基本的人権の尊重よりも優先する。

裁判所のさして広くもないプレイルームで九月に会ったとき、子どもたちと別れてもう一年が経っていた。長イスに寝そべっていた詩織が顔を上げ、菜種の顔にパッと笑顔があふれた。別れるときは短かったのに、髪は長くなっていた。

一年前は「はい」くらいしか言えなかった菜種が、たどたどしく言葉をしゃべっている。よく聞き取れないと、詩織が菜種の通訳をしてくれた。二人ともオモチャであふれた部屋の中をはしゃいで走り回る。菜種をぼくが抱っこすると、あっち、こっちと、以前のように指さす。はっきりしている。箱庭療法で使う砂を菜種は大きく盛り上げ、オモチャの手押し車をあちこち走らせた。詩織は抱え上げると照れくさそうにしていた。

「ここはあんたたちにとっちゃ王国だね」

思わずつぶやいた言葉に、入り口の脇で座って見ていた南が笑った。二人と遊ぼうと、裏紙を使って作った落書き帳とクレヨンを持ってきた。クレヨンは借り物だから持って帰るつもりだったけど、結局、菜種に手渡した。あっという間に予定していた三〇分が過ぎ、またねと手を振ってお別れした。終わった後に、南と清水と感想を言い合った。子どもたちの喜ぶ様子に、二人もうれしそうだった。

「だって、ぼくが育てていたんですよ」

そう南に答えながら、やっと会えたことにホッとした。子どもたちが忘れているんじゃないかとか、拒まれるんじゃないかとか、あまり不安はなかった。運動にせよ交渉にせよ、別れた後に子どもたちのために使った時間を考えると、いっしょに暮らしていたときよりも多かったんじゃないだろうか。たった三〇分子どもたちと会うために、ここまでしないといけないのか。

それでもたった一度会えただけなのに、砂漠で水を求めてさまようような焦りが、引いていった。

子どもたちと会った次の調停で用意してきた面会の案を見せた。二週間に一回で一回は宿泊付き。夏と冬は一週間ずつぼくの家で過ごす。国立から千葉までは二時間かかるのでこれが現実的だった。それにぼくが子どもを見ていたころに、彼女に会わせていた回数と同じだ。子どもたちとの関係は良好だ。しかし俊枝が提示してきたのは、三、四カ月に一回三〇分、俊枝の同席のもとでというものだった。

清水は、「言っても言わなくても会えないなら、言ったほうがいいじゃない」と屈託がない。ぼくは調停の間、知っている知識と使える資料は全部出した。退庁する南を廊下で見つけて走り寄り、できたばかりの運動の会報を手渡したこともある。調停の進行で不満があれば、逐一それを指摘する書面を作って、調停委員会に郵送した。

試行面会を控えた調停で、「またね」というのを調停委員がやめさせようとしたときも、「親でもないあなたがたにどうしてそんなこと言われないといけないのか」と書いて送った。よその調停委員はこう言ったと比較する記述をしたときには、さすがに南が「そういうのは不愉快です」と言っていた。他人と比べるのはたしかに失礼だった。運動をやめるようにという恫喝には、「裁判で訴えてください」と俊枝に伝えるように南たちに頼んだ。

俊枝の面会の頻度は、ぼくの主張とあまりにもかけ離れすぎていて、調停委員も調査官も俊枝たちを長いことかかって説得していた。特にぼくが一人で子どもたちを国立で見ていた際、俊枝自身がぼくが求めたものと同じ頻度で会っていたというのは、俊枝を説得する理由になった。結局三人に説得されてかえって俊枝の態度は固くなった。

南は、「宗像さんは信用してくれなかったみたいだけど」とぼくに言った。彼女が精一杯努力してくれていたのはよくわかった。ぼくは審判に移行するのはおそれてはいなかった。だけど、「最後までつきあいますよ。面会が順調にいくまで何回でも試行面接をしましょう」という提案をする調査官は、当時日本中探してもまずいない。どっちにしたって、お互いの合意がなければということは、俊枝の同意がなければ調停はまとまらないということだ。

最後は月に一度の面会を調停委員たちが斡旋しようとしたけれど、俊枝がそれを受け入れなかった。ぼくは調停が終わった後、南にお礼の手紙をしたためた。彼女がいなければ、この調停の間に子どもたちに会えていたかどうかはあやしい。

しかしこのときぼくはまだ気づいていなかった。裁判所の斡旋に合意が必要と言っても、ぼくには月に一回の面会でいいのかという同意を求められることなどなく、まして親子関係を必要以上に制約されることについて、合意など誰からも一度も求められてはいないということを。

＊

国立市議会に陳情を提出するとき、ぼくたち子どもに会えない親は陳情の賛同を集める署名活動も始めた。離婚によって引き離された親子が毎年一〇万組を優に超える数いるということ、法律が未整備なこと、裁判所に行っても子どもに会えるとは限らないこと、国立の人たちにとってみてもはじめて聞いた話だった。

内山が国立市議会の委員会で陳情についての意見陳述をするとき、いっしょに傍聴した知り合いの女性は、自分も親の離婚を経験したことがある人だった。ぼくが子どもに会えなくなったと説明すると、「よっぽどひどいことしたんじゃなぁい？」と、笑いながら署名はしてくれた。それが普通の感覚だ。

いつも行く喫茶店で、ぼくも知る常連客の一人に自分の状況を説明して署名を求めた。「法律がないんですよ」と説明すると、「こういうのは法律で決めるようなことじゃないと思う」と断られた。法律で何とかしてもらおうなんて虫がいい、と言われているようでしょんぼりする。国立市のお隣の立川市でも陳情を出して、市議会議員の一人に説明に行った。その方はもう子どもも大きくなって、パートナーとの子育ての時期は過ぎている。

「ぼくは籍も入れていないし、認知もしていないよ。法律で決めるようなことじゃないと言ったって、法律のせいで会えなくなってるんじゃないの」

法律がないから会えないのではない。もしそうなら法律さえあれば会えるということになる。法律で人の考えが変わることはあるだろう。少なくとも、子どもを会わせなくてもいいという感覚や、「会わないほうが子どもが落ち着く」という考えは、法律ができれば世間では通用しない。会わせたくない親が現在の法律を持ち出して、子どもを別居親と引き離すこともしにくくなるだろう。でも法律だけで人の感情は変えられない。そうじゃなくて、現在の法律が感情や先入観に基づく双方の親たちの振る舞いを野放しにし、つまるところ、ぼくが子どもに会おうとするときの障害になっている。

実は、ぼくたちが国立で活動を始める前にも、離婚によって子どもに会えなくなった親たちは、会を作って声を上げている。二〇〇〇年には、日本で最初の別居親たちの団体として、「Father's Website」（以後、ファーザーズ）が発足している。当時出回りはじめたインターネットで知り合った北海道、東京、九州の父親三人がこの年、ホームページを立ち上げて活動を開始した。この団体は、定期的な親睦会を開催するとともに、民法の改正を求めて国会議員への働きかけを始めた。

ぼくたちが他の別居親たちと出会うに際しても、当時普及してきた、インターネットのソーシャルネットワーキングサービス（ＳＮＳ）上のコミュニティが役に立っている。国立で声を上げたとき、ずっと前に子どもと引き離されて「養育費ふぉーらむ」という団体を作って運動をしようとしたことがあるという男性が、仲間に加わってくれた。しかしそのころは、他の当事者と出会う機会がなく、運動にはならなかった。

子どもに会えない、あるいは子どもとの交流がままならない親たちの運動は、海外ではファーザーズライツ・アクティヴィズム（父親の権利運動）と呼ばれ、それなりの歴史を持つところも少なくない。欧米各国で先行した、民法や親子法に関する法制度の変革には、程度の差はあれ、彼らの活発な活動が背景にある。

養育権（監護権）の争いでは女性が有利になるのは各国で共通していた。法や裁判所の判断での公平な扱いを彼らは求め、子育てにおける父親の役割の重要性をアピールした。男性の育児分担の増加がその背景にあり、父親たちはインターネットを積極的に活用し、メディアの同情を引いて社会にアピールするのに成功している。

イギリスでは二〇〇〇年代に「Fathers 4 Justice」の父親たちが、スパイダーマンやバットマンの格好をしてビッグベンなどの有名な建物に登り、法改正をアピールした。クリスマスにはサンタクロースの格好をしてデモするというのが、父親たちの活動の中ではよく知られている。イギリスでは、「Family Needs Fathers」が、アメリカでは、「farthers & families」、フランスでは「SOS PAPA」といった団体がよく知られている。

二〇一三年には、フランス西部ナントで、幼い息子との面会を禁じられた四二歳の父親セルジュ・

シャルネが、造船所の四三メートルの巨大クレーンの上によじ登り、裁判所命令の撤回を求めて四日間籠城したことが日本でも報じられた。この父親は、裁判所命令が解かれるまでクレーン上に居座ると宣言し、「(息子の)ブノワには二年も父親がいない」と書いた横断幕を掲げてアピールした。彼の行動に続いてほかにも二人の父親がクレーンによじ登り、大統領は関係閣僚にシャルネの行動を支持するSOS PAPAと面談するように指示したという。彼は息子を誘拐しようとしたとして、面会交流の権利も失っていたようだ。しかし、親権をめぐる裁判所命令が「家族と自分の生活を崩壊させた」という彼の訴え自体は、日本でも同様に、いやフランス以上に通用することだ。

海外の別居親団体は、名前通りに父親たちからもっぱら構成されることが多い。一方、日本のファーザーズは母親も多く参加している。母性優先が厳格に強制された海外とは違い、日本では親たちの子どもの連れ去り行為を裁判所が追認するので、女性が子どもに会えなくなることは珍しくないし、親たちの親、つまり祖父母もまた孫と会えなくなれば、当事者や運動の支援者に女性がいるのは当たり前だ。親と会えなくなった子どもに娘もいるし、男女という明確な色分けで当事者たちを区別することは難しい。

日本でもファーザーズ以来、さまざまな別居親団体ができては消え、法改正に向けて活動を続けてきた。ぼくが都心で参加した自助団体も、ファーザーズに参加したメンバーが実践的な自助グループが必要だと集まったものだという。

別居親たちの団体が、国内外にかかわらず法改正を目指したのには理由がある。日本では子どものいる夫婦が離婚する場合、親権をどちらかの親に決めることで離婚が成立する。裁判所で調停をしたり、裁判をしたりしない限り、離婚届を市町村の窓口に出せばすむ。「子どもをどうする」ではなく、「親権はどうする」と離婚を考えた親は周囲に聞かれる。これは婚姻中には共同で持っていた親権が、離婚後には単独でしか持ち得ない法的な制約を背景にしている。

民法八一九条には、離婚、未婚時には親権をどちらかにしなければならないことが書かれている。逆に言えば、この規定がなければ、離婚、未婚時に共同で親権を持つことになる。つまり離婚後も共同で子育てすることがとりたててのことではなくなる。もちろん、民法のどこにも親権のない親には子どもに会う資格がない、なんて書かれていない。しかし実際には、親権のない親、多くの場合子どもと離れて暮らす親が、別れた子どもに会う行為は、ほめられるどころかむしろ「親のエゴ」とされてきた。

離婚後の子どもの養育について定めた民法七六六条には、二〇一一年五月に改正がなされるまで、面会交流どころか養育費についてもどこにも書かれていなかった。話し合いがつかなければ、家庭裁判所で決めるという規定があるにすぎない。裁判所での合意も、守る意志がなければどうしようもない。それを意味のある約束にするためには、強制力のある法律によって面会交流や共同での子育てを保障する必要がある。そうでなければいくら裁判所で決定をもらっても空証文になる。社会の常識は法の不備を背景にしている。

国立市議会に提出した陳情の説明で議員たちに会う中で、「こんな法律ができたら、離婚していいということにならないか」という問いかけも議員の一人からされた。

二〇一四年に婚姻したカップルは推計値で約六四万九〇〇〇組、離婚は約二二万二〇〇〇組だった。前年の二〇一三年には、婚姻数は約六六万一〇〇〇件、離婚数は二三万一〇〇〇件。このところ離婚は横ばいまたは微減だ。しかし戦後離婚率は上がり続け、高止まりしているのが現状だ。法の不備は必ずしも離婚の歯止めにはなっていない。

二〇一〇年の統計を見ると、離婚した夫婦のうち、未成年の子どもがいるのは、一四万七一二〇件、人数にすれば二五万二六一七人。出生数が一〇四万五九七五人だから、二四・一%、つまり四人に一人の子どもが、成人するまでに親の離婚を経験している計算になる。

二〇一四年に日本弁護士連合会が行なったアンケートでは、「面会交流」の調停で合意が成立したにもかかわらず、まったく面会ができていないケースが四割超に上ることが分かっている。この調査は、家裁の調停を利用した当事者に、合意した面会交流や養育費の支払いの実現状況などについて尋ね、二九六人から回答を得た。ぼくたちもアンケートに協力した。調停で合意できた人の四四%が「まったく面会ができていない」と回答。「合意通りの面会ができている」は二四%、「合意通りではないが、ほぼ面会できている」が三二%だった。

面会ができない理由は「子どもが拒否する。または子どもと同居している親から本人が拒否していると聞いている」が三七%と最多。「同居する親が子どもと会わせてくれない」が三一%だった。

ちなみにアメリカでは共同養育についての法制度が各州で整備された後、離婚率が下がるという結果が報告されており、一般に抱かれやすい疑問を否定する。

離婚した後に、子どもが親に会うということ自体への疑問に対しては、目の前にいるぼくたちが一つの答えだった。離婚を誇るわけではないけれど、ぼくたちが表に出てきた以上、離婚後の親子の交流を否定することは、ぼくらの存在そのものを否定することだ。

日本では子どもの親権をどちらかの親に決めないと離婚できない。にもかかわらず、別れた途端に、親権のあるなしで世間の見方がまったく変わる。会えなくても本人の問題なんだから仕方ないし法律なんかいらない、ということになる。ぼくが出会った母親の一人は、ある日突然、夫から子どもの前で離婚を切り出され、家から追い出された。その後、親権者になった元夫から、「(親権がないのに) 対等だと思っているの」と言われたという。

親権者の意向に沿わない形で子どもにかかわろうとすると、途端にペナルティーを受ける。子どもに会わせてくれないからと直接会いに行って、親権者から警察を呼ばれたという人は少なくない。親権のないことは、別れた親を子どもの成長にかかわらせない場合の理由としてもっぱら使われる。集まった別居親どうしで話しているとき、母親の一人はこうつぶやいた。

「親権がないんじゃなくて、人権がないのよねえ」

彼女は月に一回の面会交流の約束で親権を渡した。以前彼女が面会交流について、「この間は雪が降ったからという理由で中止になりました」と話しているのを聞いてびっくりしたことがある。

みぞれだったらどうなのだろう。雪国だったら冬の間は会えないのか。親権がないということで子どもの通知表も送られてこないし、PTAにも参加できない。親だったらあたりまえにできることが、親権がないということを理由にしてできない。

冷めた見方もされはしたけれど、実態を言うと理解してくれる人も意外に多かった。「面接交渉じゃなくて単独親権が問題なら、共同親権を主張したほうがいいんじゃないの」と率直な反応をする人もいる。行きつけの喫茶店で、ぼくたちが出していた会報を見ていた女性が、「私、親が離婚して母のもとで育ったんだけど、日本はもうアメリカみたいに、子どもが両方の親を行ったり来たりできるようになっているもんだと思っていた」と、カンパをくれたこともあった。制度や裁判所の実態が、当事者たちにも知られていない。

ちなみに、戦前の民法の規定では婚姻中も親権は家長に所属する単独親権だった。戦後、男女平等の日本国憲法ができて、婚姻中のみ共同親権になったというのが実際のところだ。当時は別れた夫婦どうしが共同で親権を行使するなどということは、民法学者の間でも「そんなの無理でしょ」という感覚だったのだろう。

しかし海外では、両親との関係を維持することが子どもの発達成長にとってプラスになるという研究成果が蓄積されるようになり、具体的な共同親権の方法が模索されてきた。日本の単独親権は世界の流れから「取り残された」にすぎない。逆に両親の離婚で親の愛を諦め、自己肯定感を持てず、あるいは他者とのコミュニケーションに困難を抱えたまま大人になる人がそこかしこにいることになれば、そういった社会はいいものとは呼び難い。

あるとき、親と死別して奨学金を受けて大学に行った経験のある、男性の市議会議員にこの問題を説明したことがある。ぼくがいつもの通りの説明をすると、「どうして今まで法律ができていなかったんだろう」と首を傾げた。むしろテレビでの親子の再会物語が、美談としてくり返し視聴者の涙を誘ってきた。「だって親が子どもに会うだけのことでしょ」と彼は言う。

今でもぼくはこの疑問について考えることがある。簡単に言ってしまえば、それができていないのが答えということなのだろう。

単独親権の日本で数えきれないほどの理不尽がまかり通っていたにしても、共同親権なんて世間ではだれも知らないことで、発想を一八〇度変えるには相当のエネルギーがいる。だから法制化ができるかどうかはともかく、まずぼくは、一〇年は運動を続けようと決めた。

子どもたちはまだ五歳と二歳になったばかりだ。詩織が成人するまでは一五年、菜種は一八年もある。ある程度大きくなって自分で物事を判断できるようになるまでにだって、一〇年はかかるだろう。今だって二人に会えない状況なのに、親子関係をこの先維持していくのに、味方もいないし、法的な後ろ盾もないのも不安だった。手元に子どもがいたなら、子育てに使う労力と時間も相当なものだ。それがない分、代わりに時間と労力を、こんな悲惨な社会を変えるために使おうと思った。

こんな社会を子どもの世代に残したくない。「お父さんはあなたたちのために法律を変えた」と言うことができたなら。

ぼくが子どもたちを俊枝たちに渡したことで、子どもたちは父親を失っただけでなく、ぼくの周りの環境や人間関係すべてを失った。それは子どもたちにとってはふるさとそのものだった。ぼくが子どもたちに会えればそれですむということではない。ぼくの無知のせいで子どもたちに不利益を及ぼした。ぼくが子どもたちに取り戻したいのは、子どもたちのふるさとだった。

＊

子どもたちを俊枝たちのもとに渡した後、ぼくの心のバランスは明らかに壊れていた。特に、子どもについての交渉が暗礁に乗り上げ、いつ会えるかどうかわからない状況で、頭の中は子どもに会いたいのに会えない切なさ、子どもへの心配、そして、会わせない俊枝や川野への怒りや憎しみの感情が渦巻き、とても冷静さを保てていたとは言い難い。

実際、ぼくは当時心療内科を受診して、精神安定剤と睡眠導入剤を服用していた。毎日のように誰かを捕まえては愚痴を言い、友人と酒を飲んではやるせなさを吐き散らしていた。子どもといたころは、毎日炊事に洗濯、掃除それに仕事と気を張り詰めた生活を続けていたのに、それが仕事以外はいっぺんにその必要性を失い、風呂に入るのも面倒で数日に一度になった。

子どものことを思い出すのもつらいから、目に付く場所にあった、子どもが残していったおもちゃや写真を処分した。しかしそれらは、子どものものだったはずで、結局、子どもの思い出の物を失ったことに気づいて後悔した。

周囲はそんなぼくを哀れみと同情で扱い、そして愚痴や不満を聞き飽きてうんざりしていった。悪いのは俊枝たちだけではないだろうという雰囲気だったし、実際そう口に出してぼくに言う人もいた。言われれば思い当たる節があるだけにまた落ち込む。事務所の机に突っ伏して泣く。部屋に帰って一人で泣く。悪循環だった。一方で川野が詩織や菜種と過ごしているのかと思うと、不潔感に暗然とした。

そういった堂々巡りで苦しくてたまらないぼくの心情を、幾分なりとも前向きに変えてくれたのは、同じ子どもと引き離された親たちの存在だった。

都心の親たちの自助グループが、ぼくに「自分一人じゃない」という安心感と仲間を与えてくれたし、国立で開催した集会に、三〇人以上の親たちが集まったという事実は、社会問題としてこの問題が現に存在していることをぼくに自覚させた。ぼくと同じように苦しんでいる親たちに仲間の存在を知らせ、ともに苦境を乗り越えていければと考えて、内山とともに集会に集まった人たちにはがきを出した。スペースFで小さな集まりを呼びかけると、ほかにも四人の親たちが集まってきた。

七年にわたって家庭裁判所に通っていながらいまだに会えない父親、離婚後に元妻と子どもの近くに住んでいたのに、ある日突然子どもの居所がわからなくなった市内在住の親、妻から子どもを連れ去られ、子どもの居場所がわからないままに調停を進めている隣町の父親。国立市周辺でもそれだけの親が集まってきたし、彼らの身の上は誰の身にも起こりそうなことだった。

そこでぼくが気づいたことは、相手を非難しても会えるようになるわけではない、というあたりまえの現実だった。自分が悪しざまに言う相手との間に子どもをなす選択をしたというのは、ほかならぬ自分自身だ。だから相手が悪いということは自分自身を貶めることになる。何より「自分が悪くない」と周囲に向かって証明するために相手の悪口を言ったところで、世間はそのままには受け取らない。「結婚したらこうするものだろう」「妻だったら普通こうじゃない」「親だったら会わせるでしょう」という主張自体は、その人個人のもので、相手が同じ考えでいるとは限らない。むしろ違う考えでいたということに、いっしょになった後気づいたからこそ、別れるという結論に至った。

結局、二人の関係が問題だったわけで、そのことに気づかなければ、それを変えることもできない。関係がこじれて会えていないのであれば、当然子どもに会うという道筋を描くこともできない。つまり、お互いの関係を変えるためには、自分が動くしかない。

一つには仕組みが悪いとしてそれを変える行動を主体的に始めることで動くことができる。それは自分たちのように子どもと引き離された親の存在を社会にアピールすることだ。引き離された親のパーソナリティーの問題ではなく、政治的・社会的に解決すべき問題だということを広く知ってもらう。変えなければならないのは、親が別れれば、どちらかの親が育てればそれですむという単独親権制度であり、同時に、民法上どちらかの親に決めなければならない親権を、子どもを確保した親に与えるという裁判所の運用だ。しかも親権のない親と子どもとの実質的な関係に法的な保障はない。

子どもと引き離された親は、ある日突然子どもを連れ去られた上に親権をはく奪され、子どもと会うこともできず、親としての自尊心を日々傷つけられる。そこにあるのは領土問題と同じ「実効支配」のルールだ。子どもは「専有物」としてモノ扱いされる。

子どもの連れ去りは婚姻中の共同親権時になされることがほとんどだ。現在の法律においても、親権の中身に子どもの監護権や居所指定権がある。他方の親の権利を侵害する子の連れ去りは海外では刑事罰の対象であり、日本でも不法行為であることに変わりはない。ところが裁判所はこれら行為を不法と認定しない。だから弁護士たちはこれらの行為を不法ではないと言い張る。

それはあまりにも倫理観に欠ける主張ではないだろうか。なぜなら子どもを専有物としてモノ扱いすることなくして、そんな「先に取ったもの勝ち」の野蛮なルールが正当化されるなどあり得ないからだ。だから単独親権制度を「法の不備」とは弁護士たちはなかなか認めない。

裁判所の統計によれば、この一〇年間に家庭裁判所への面会交流事件の申立件数は倍以上になっている。この件数は、男性の育児参加が進み、父親の権利意識が高まったというだけでは説明できないだろう。ぼくたちが声を上げ、運動の存在が知られるにつれ、面会交流についての知識が行きわたった。同時に子どもを確保しさえすれば親権が得られるという情報も広がっていった。したがって連れ去りの件数も激増している。ぼくたちのような別居親のグループに参加する親たちの数も増加傾向だ。連れ去られて引き離されなければ面会交流の調停など起こさない。それだけ連れ去りの件数が増えたということだ。

こういった実態を社会に知らせる運動は、当事者たちの個人的な悩みを社会的な問題を解決する中で解消するという面で健全なものだ。ぼくはこの運動に共同親権運動という名前を与えた。同じ親なのに一方の親としての地位が認められない現状、子どもから見て自分の親が親扱いされない現状の改善を言葉に込めた。不平等の格差を是正する。ぼくたちは「相手を変えるより法律を変えたほうが早い」と当事者運動を組織していった。

＊

こういった親たちの運動は、立法による社会の変革を求める方向に収れんしがちだ。片親排除による親子断絶を防止する法律が不備なのは明らかだ。しかし、法律が変わりさえすれば自分の問題も解決するのだろうか。

たしかに法は自分が子どもとともに過ごすための障害となっている。しかし法が相手の認識を変えるきっかけになることはあるにしても、相手そのものは変わらない。問題が相手との関係であるとするなら、やはり自分自身が具体的に変わらなければ、いくら法が変わっても根本は変わらない。でもどうやって。

最初ぼくが俊枝と離れてから、俊枝の気性の激しさに怯むことはあっても、俊枝が自立した振舞いができない人間だとは思っていなかった。しかし、居場所がないからとぼくの友人の男性のところに子連れで行方不明になったことは驚いたし、状況次第で一度した約束を事もなげに反故にされることが何度も続くと、彼女は人格的に問題があるのではないかと否応でも考えないではいられない。

実際、集まって来た別居親たちの話を聞いていると、子どもを引き離す親たちに共通した特徴を見つけ出すことは難しくない。多く女性たちは夫や元夫にDV（ドメスティック・バイオレンス）という呼称を与え、男性たちは妻や元妻に人格障害という呼称を与えて、おかしいのは相手の方だと言って安心する。散々自分の人格的な欠陥をあげつらわれ、それが子どもを会わせない原因とされてきたのだ。実際に相手が暴力や薬物・お酒への依存等の問題を抱えている人は少なくないし、その結果、警察の厄介になった人もいる。はじめて別居親のグループにやってきた親たちは、別れた相手の特徴をほかの親たちが次々と言い当てるのに驚くことがある。そして「自分がおかしいわけではない」と思うのだ。

あるとき、ぼくはスペースFに置いてあったひとり親のためのハンドブックを見ていて驚いた。DV加害者の特徴として挙げられるものに、相手の性格上の欠点を挙げて自分は正しいと言い張る、といった記述があり、それはそのままそのころの自分に当てはまったからだ。俊枝に暴力を振るったことはたしかにあったわけだから、そのチェックリストに挙げられている項目にあてはまるようなことは、DV加害者だと自分で言って回っているようなものだからよしたほうがいい。以後、俊枝の行為はともかく人格についてあれこれ言うことはやめにした。それに実際、別居親の自助グループで相手の人格の問題をあれこれ議論したところで、何の解決にもつながらないし、必要なのは具体的な対処だ。あなたにも問題があったのではと思っても、被害者意識が強い当事者にどう言っていいのか判断にも迷う。

たしかに別居親の自助グループに集まってくる親の中にも、相手に暴力をふるった人はいるし、お酒や薬物依存の人はいなくても、抗うつ剤を飲んでいる人は普通にいる。自分のことを自分で決められない人は少なからずいた。そして男性は相手方にDVと言われ、女性は相手方に人格障害として非難されていた。これはいったいどういうことだろうか。

ぼくが別居親たちを集めて自助グループをスペースFで始めたとき、フリースペースではひとり親のグループも活動していて、というかちょっと前までは自分自身もひとり親だったわけで、どういうふうにぼくたちが見られているのかは気になるところだった。フリースペースの利用者は女性が中心だったので、男性中心のぼくたちのグループは異質だった。しかもそれぞれ一人ぼっちだからなかなか帰らず、夜遅くまで飲み明かすこともあったので、他の関係者から苦情が入りがちだ。ぼくたちの活動を好ましくないと思っていた人たちがいるのも知っていたし、実際によその町の女性団体に行って、「共同親権の運動には気を付けろ」と悪口を言い含められると教えてくれる人もいた。まるでぼくがＤＶ夫たちを集めているかのような言いぐさだったというのは想像がつくし、実際に嫌がらせの手紙を陳情を出した自治体に送りつけるという、手の込んだ妨害を受けることもあった。

でもぼくの前で子どものことを話している親たちは、相手のことはともかく、子どものことは諦められないから悪戦苦闘している人たちが大部分で、そうじゃない人はやがて来なくなる。それはそれでその人個人にとっては解決したということなのかもしれない。しかし何とか糸口がないかと毎回やってくる人は、どう考えても子ども思いの親だ。

こんなに子どもに会うのが難しい日本社会では、子どものことは忘れて早く再婚しろと親たちは言われ、「子どもに執着している」と、さも子ども思いであることが悪いことであるかのように非難の対象とされる。子どもへの思いを断ち切れず行動で思いを形にする親は、それだけ責任感と愛情が強い。たしかにこだわりの強い人は中にはいるけれど、一方でまじめな人も多い。平均すれば「普通の人」でしかない。

不運なことに、子どもとの仲のよさは、親権争いでは相手には不利な証拠になるので、そういう親ほど引き離される。この物理的な養育妨害に法的に対抗する手段はない。その上、壊れた家庭を元に戻そうとして修復の努力をしたり、面会交流を求めると、相手をコントロールしようという意図と受け取られ、相手の周囲の支援者たちはDVの証拠とアドバイスする。子煩悩な親ほど子どもから引き離され、無責任な親はむしろそのほうが賢い選択だと言われる。この国の制度は子捨てを促し、無責任な親のためにできあがっている。協議離婚と裁判所の決定で、毎日毎日「ひとり親家庭」が量産されている。

一方で、集まって来た親たちの間でDVについて話題になると、時に感情的な対立になることがある。別居親たちのほとんどが調停の場で、たとえ物理的なものがなくても精神的DVだと相手に言われた経験がある。虚偽であれば名誉棄損表現だ。ありもしないDVをでっち上げられた人に対しては、むしろ男であるが故に一方的に加害者とされることに対して、でっちあげの加害者と同性だからか、事実を知った女性たちの憤りも強かった。

実際に診断書をねつ造する医者はいるし、弁護士と裁判官がツーカーで、保護命令の審査基準に形式上当てはまる申請が裁判所に提出されることもある。DVの加害者とされた人が受け取った申請書が、どれもパターン化されているからよくわかる。その手の弁護士の顔ぶれもだいたい思い浮かぶ。

一方ぼくも含めて、一回や二回の暴力を振るった人はたしかにいるし、そういった暴力をDVと呼ぶかについて意見が親たちの間で分かれることもある。実際の暴力がなくても、口論になれば激高することもあるので、相手がそれを精神的DVと呼ぶことはできる。

DVといえば一時狂暴な加害者のイメージ作りがされ、その反復性をDVの特徴として挙げる人もいるけれど、日本語に訳せば「家庭内暴力」と呼ばれるように、たとえ一回顔を引っぱたいたことでも物理的なものであればDVである。しかしDVの定義の中に、精神的なものや経済的なものも含まれるようになると、たとえば生活費を渡さないとか、無視するとか、メールを監視するという行為自体もDVの証拠とされる。パートナーからの仕打ちを被害と感じればその時点でDVが成り立つ。セクハラと同じで、「思ったらDV」なわけだから、DV被害は主観的だ。

たしかにこういった主観的なDVの定義に基づいて、相手からDVと言われたら納得できない人は多いだろう。DVの定義についてのチェックリストには、無視したりメールを見たりと、それ単独ではごく日常の人間関係の中では一回や二回はありそうなものも含まれている。夫との人間関係に悩んで、相談に行った先で日常生活の中で嫌に思った行為を挙げ、「それはDVです」と相談員に言われて、そういうものかと思って夫と対決するようになれば、夫のほうは納得がいかないだろう。仕事でクタクタになっているときに話しかけられて、黙ったままでいたらDVと言われたら、配慮がないのはどっちだと思わないでもない。

しかし問題は、相手がそう「思ってしまった」ということだ。相手にそう思わされるような行為があって、そのことで相手が悩んでいるなら、それに気づくことでお互いの関係をよくしていくためのきっかけには確かになる。

内山は夫からの暴力の経験者として、「私は一回『だけ』しか暴力を振るわない、という男は信用しない」と言った。その言葉でぼくは自分の行為を軽く見せようとしたのだと思い当たった。一度暴力を振るえば、その後も「何をされるかわからない」という恐怖感を相手は持つし、そのことがお互いの関係をますます行き詰らせる。結局ぼくも妻に対してなら、一度くらいの暴力は許されるという意識が感覚として身についていたのだ。それは差別意識にほかならない。

しかし相手が、「あなたのそういうところがDVなのよ」と事ある毎に自分の行為を指摘するようになったら、そういう相手とずっといっしょに暮らしていたいだろうか。言ってすむくらいならそもそも危険もない。妻の不貞に激高したら精神的DVと言われて、そのこと自体はそうかもしれないにしても、だから何なのだろう。ぼく自身は、夫の個別の行為に対して「それが精神的DVと言うんだから、わかってない」とレッテルを貼りして言うよりは、「あなたのそういうところが私は嫌い」と勇気を出して言ったほうが、まだお互いの関係をよくしていける可能性は高いと思う。お互いの関係が問題なのだ。「それはDVです」と被害者に気づかせることは支援の第一歩なのかもしれない。だけどそれだけでは問題の解決のためには足りない。自分が親たちの相談を受けるようになって、そうぼくは気づくようになった。

ＤＶ被害者保護という面では、身の危険からその人を守るために保護命令を出し、シェルター等に避難する法的措置がまず整えられた。ＤＶ保護法によって保護命令の発動による法的な対処が開かれていることは、今までよりは一歩前進だろう。たしかに精神的な虐待が身の危険につながる場合もあるので、手厚い被害者保護という文脈からは、その要件の緩和は政策としてはありうるかもしれない。しかし、夫との関係改善を望んでいるのに、相談に行った先でシェルターへの避難しか解決策がないと言われると、その相談先の助言に納得する人はどの程度いるだろうか。

ＤＶ被害者支援にかかわる人たちに知っておいてもらいたいのは、そうやって自治体や女性センター等の女性を対象にしたＤＶ被害者支援の相談窓口に行って納得がいかずに、ぼくたちのところにやってくる女性たちが少なからずいるということだ。その場合夫から暴力を受けたり、あるいは同居時に夫によって子どもを遠ざけられたりして、そういった女性相談の窓口に行ったものの、子どもを連れて逃げろという選択が子どものためになるとは思えず、また子ども自身がその選択を拒むことが予想されるとき、ＤＶ法の支援措置だけでは対処に限界があるということだ。

共同親権運動を続けていると、日本のＤＶ施策を後退させ、女性の権利の後退につながるという発想で、ぼくたちの存在を敵視する言動に出会うことがときどきある。ぼくたちは「共同親権の人たち」と侮蔑的に呼ばれることもある。そう呼んできた人たちが、子どもを引き離された被害者への差別を肯定する論理を提供することもあった。

ぼくはその人たちとどっちが本当の被害者かの競争をする気はない。しかし、これまでの女性支援の文脈のみでは、その人の希望に叶うための支援は提供できなかったし、その手段も限られているから、ぼくたちが支援にかかわることになっているというのは確実にある。とはいえ、だったらぼくたちがうまく問題を解決することができるかと言えば、ぼくたちのもとで提供できる手段はやはり限られている。

必要な支援を求めて運動する度に、DV被害者支援にかかわる人たちと対立するのは、お互いに足の引っ張り合いをしているようで本当に当事者のためにならない。その行為をDVと呼ぶかどうか、正しいDVの定義は何かにこだわることで、解決が遠ざかることも少なくないのだ。

*

今言ったのはDV被害者支援の文脈での議論だ。しかしこれを男性の側に視点を移せば、男性の側に提供できる支援は本当にない。そもそも男性が抱える問題を相談できる場所がない。身近な人に相談しても、「お前がしっかりしないからだ」と片づけられる。子どものことを相談すると「立派な仕事をしていれば子どもも会いに来る」と言われたりする。ぼくもそう言われた。

「宗像君たちの運動は、子どもに会いたい親が泣き言を言っているって見られているよ」と、女性相談の窓口で相談員をしている方に言われたことがある。「ぼくたちの運動は、子どもに会いたい親が泣き言を言っていいという運動です」とぼくは言うしかなかった。泣き言を言うことが「男らしくない」という考え自体が、その人自身の悩みの原因であったりする。子どもに会えない母親は「生んだ子どもに会えないなんて」と言うけれど、性別で子どもに会えない辛さが変わるのだろうか。生んだ母親が子どもをみなければいけないということもない。

こういった「男らしさ」「女らしさ」にとらわれた性別役割の認識が、難しくなったパートナーとの関係の背後にあったり、暴力の背景にあったりする。自分自身は夫や父親としての役割をしっかり果たしているのに、相手が自分から見てそう見えなければ、バカにしたり貶めたりすることになりがちだ。「力づくで言うことを聞かせる」ということになればDVにもなる。意地悪やいじめが継続すれば、精神的DVやモラハラ（モラルハラスメント）と呼ばれることになる。問題はお互いが想定している家族や妻や夫、父母といった役割が違っていることだ。

こういった困難に陥った相手との関係を改善していくことを目的に、男性の支援を行ない、効果を上げているところは本当に少ない。ぼくは京都にある日本家族再生センターの味沢道明が東京で定期的に開いている、脱暴力支援のグループワークに運動を始めてから参加するようになった。そういうところに行けば自分が加害者だと名乗り出るようなもので、最初は行くのはためらっていた。しかし参加している人が周りにいたし、行ってみなければ何とも言えない。

結局そこで学んだことは、自分自身が暴力を振るうに至る原因の背景には、自分もまた「力づくで言うことを聞かせる」という関係を経験したことがあり、なぜ自分が暴力を振るうのかを知れば、幾分自分自身に安心感がもたらされる。そうではない別の方法があると知れば、暴力という選択肢をとることも徐々になくなっていくということだ。

ぼくの場合は、子どものころに三つ違いの兄との関係でたしかにびくびくしていた経験があったので、そのことを思い出せば、俊枝がぼくとの関係で見た感覚を想像することはできた。ＤＶの脱暴力支援というのは、過去に自分自身の大切にしてもらえなかったという感情を、一つひとつ埋め合わせていく作業なのだろう。


お互いの関係をよくしていき、ＤＶの経験者には加害・被害問わず脱暴力の方法を知ってもらうという目的のあるグループワークとは違って、では別居親たちの集まりはどのような意味があるだろう。

最初、ぼくが別居親たちのグループに出席しはじめたとき、自分のような立場の人間がほかにもいると知って安心感は大きかった。また、自分自身が置かれた状況を知ることで、次にどのような対策をとればいいのか、ある程度の見通しもつけることができた。弁護士や家庭問題のセラピーに行くよりは、そこで得られる情報は明らかに経験者による実態に基づいていて有効だ。

実際にその場に行けばよくわかるのだけれど、子どもと引き離された親の中には、ＤＶ防止法による保護命令を申し立てられたり、市町村の役所で妻子（夫と子であることももちろんある）の住所を非開示にされたりした経験のある人が少なからずいる。

こういった人の中には実際の暴力があった人もいるけれど、その法手続きの過程ででっち上げがなされる事例の多さには驚く。たしかに「思ったらＤＶ」なので、本人が否定しても相手がそう思えばその行為がＤＶであることを否定しても仕方がない。しかし、法手続きで定められた、保護命令などの緊急避難の手段は被害者の安全性を確保するためのものであり、その過程で虚偽があれば明らかに法の悪用である。そのような虚偽による保護命令の申請や役所の住所非開示による支援措置の申請は明らかにある。そして、保護命令が申し立てられれば、二週間以内に裁判所に呼び出され、そこで虚偽が立証できなければ保護命令は発令されてしまう。何の心の準備もしていなかった人にとっては、短期間の間に弁護士を立て冷静に対策をとるのは極めて難しいことだろう。

それでも最近は裁判所での保護命令申請時の虚偽の多さが指摘され、実際に虚偽を立証して申請を却下させる事例も増えてきたので、以前よりも保護命令は発令されにくくなっている。現在は、審査基準のある保護命令をあえて申請するよりは、市町村による住所非開示を申請するほうが手続きが簡便なので、それで妻子の居所が不明になることが多い。

この手続きでは、警察に「ＤＶがあった」という相談履歴があれば、住所非開示の措置がなされてしまう。保護のための制度だからか、その相談内容自体は厳密に検証されないし、加害者とされた側の事情も聴かれない。しかもこの手続きに異議申し立ての制度は事実上ないままに、被害者の住所が秘匿されるので、離婚や夫婦関係の修復、面会交流の申請が裁判所に対してできなくなる。裁判申請の送達が保障されないので、憲法で保障された裁判を受ける権利が侵害されているけれど、もう一〇年以上この違憲措置は放置されたままだ。

被害者保護のためとはいえ、子どもがいる夫婦の子どもの奪い合いにこの手法が悪用されると最悪だ。虚偽の申請で子どもを引き離して監護実績を積み、離婚を申請すれば親権を得られる。こういった手法が果たして暴力の防止に役立っているのだろうか。

虚偽申請への歯止めがなければ、申請時のDV被害の審査が厳密になるのは避けられないし、緊急の保護のハードルを結果的に上げる。警察や役所の窓口が「虚偽も含まれているはずだ」と思いながら手続きをとることは、被害者支援に携わる人のプロ意識を損なわないだろうか。守るべきなのは被害者であって支援や法律ではないはずだ。

法の悪用によって家庭を壊された上に子どもと引き離されれば、相手への憎悪や絶望の感情で冷静さを保てなくなるのが普通だ。こういったDV被害者への支援策を、虚偽DVの被害者たちが「利権」として批判し、その批判を長年DVによって虐げられていた女性たちが獲得した権利を損なうもので、保守的な「バックラッシュ」として反発する人たちはいる。虚偽であれ申請していた時点で家族は壊れているわけだから、「家族を壊された」という反発は見当違いだというのだ。

しかし、夫婦はお互いに支え合うものだという価値観を持つ人間が、相手との修復を望むのは普通だし、男だろうが女だろうが悪いものは悪い。虚偽によって被害を与えたのならその人は加害者だ。それを女性の全体的な社会的な地位の低さによって免罪することは、いったいその人や女性のためだろうか。

気づいてほしいのは、単独親権と実効支配という「ジャングルの掟」によって「敗者」となった人たちの話を聞いて、状況の深刻さを認識させ、同時に将来への見通しを与えて、暴力によらない冷静な対処の仕方をともに考えているのはぼくたちだということだ。そして限られてはいてもその手法を持っているのが、別居親のグループになる。

実際、ぼくたちの運動が知られるにつれ、父親に子どもを連れ去られたという母親からの相談が舞い込むことも珍しくなくなってきた。そういった母親たちはたいがい児童虐待の加害者とされ、同じく虚偽の申請を申し立てられていた。

ある母親は、たまたま行方不明になった子どもの居場所が判明して、通っている学校もわかり、市役所に子どもの情報の開示請求をした。その途端に市役所から開示申請の情報が洩れ、父親方の弁護士から抗議の電話が来た。その母親は夫の精神的な虐待を役所に訴え、夫に申請を伝えないように頼んでいたにもかかわらずだ。この場合、開示請求は、被害者保護の観点から子どもの就学情報の存在自体を言えないという結果だった。

その母親は、週に二回ほど息子の姿を見るために校門の前に立って、子どもが登校してくるのを見守った。学校の先生たちは彼女が子どもの母親だということを知っていたし、毎週見守る彼女の姿を知りつつも見て見ぬふりを続けた。それだけでなく彼女は、一般に公開された生徒の絵の展示会を見ようと校舎内に入ろうとして、副校長に立ち入りを拒否されている。これが子どものためだろうか。

ぼくも一度彼女が朝早く子どもたちを見守るのに同行したことがある。子どもたちは彼女のことを認識しているし、逃げ回るわけでもない。多分ぼくが声をかけようと思えばできただろうし、ほかの学校関係者は挨拶して彼女の子どもを出迎える。親である彼女だけが自分の子どもと会えない。女性が被害者なので余計悲惨に見えるかもしれないけれど、男性の場合はこういった事例はまたある。


こういった悲劇の背景には、本来刑事的な介入がなされるべき家庭内暴力が、日本ではそれこそ「民事不介入」とされて、民事的な手法、つまり離婚によって対処されてきたという経過がある。暴力を振るう夫からどうやって妻を逃がすかが女性たちの支援の関心事だったのは、警察が手を出さない中、それ以外に手法がなかったからだろう。子どもは当然母親が連れていくものとされた。しかし実際支援にかかわればわかるけれど、離婚すればDVが終わるとは限らないし、加害者は放置されているわけだから、逃がすだけでは被害者は以後ずっと逃げ回らなければならない。単独親権がDV被害の防止に役立つかということになれば、まったく因果関係が不明だ。保護命令は被害者保護のための緊急的な措置であって、私的制裁や仕返しの手段ではない。

各地に別居親たちのグループを広げてきたぼくたちの活動は、暴力防止や自殺防止の活動でもある。それは別居親たちに冷静な対応を呼びかけるということに止まらない。DV被害に遭いつつ、家庭内で子どもと引き離された母親は相談に来るし、子どもと引き離されたDV被害者の母親も来る。いずれも現在の女性支援の手法が受け入れられなかったり、通用しなかったりした人たちだ。片親疎外を引き離された親への精神的DVとして対処する支援は、見たところないようだ。そして子どもを手放せば養育していない母親への世間の風当たりは男性以上に強い。

連れ去りが規制され、DVの立証が難しくなれば、DV被害者が逃げにくくなるのではという懸念がある。しかし、路上であっても家庭内であっても、暴力は暴力であって暴行罪や傷害罪の対象であり、刑事罰であるように、親であっても誘拐は誘拐であり、同様に犯罪である。子どもの連れ去りがDVによる被害者保護によって適用除外になるのは、刑事である以上、正当防衛程度の緊急性が必要だろう。

よく子どもといっしょに暮らしたければ、子どもを連れて家を出るようにアドバイスする、弁護士事務所や女性支援グループのホームページを見かけることがある。しかし、問われるべきは、子どもを連れて家を出なければ子どもと暮らすことすら危うくなる現在のあり方にほかならない。子どものことが気になって、警察を呼べなかったり、自分自身が逃げられなかったりするというなら、それはそれで問題だ。保護措置が取られた場合には、子どもと母親はそれぞれ別個に安全を確保されてもいいはずだからだ。

結婚や離婚は相手との適切な関係性を持つための手段だし、幸せになるための選択でもある。支援者と呼ばれる人がそれを強いるなら、それは権利とは呼べなくなる。ぼく自身は夫婦はお互いに支え合うものという程度の価値観をもってはいるけれど、結婚の位置づけは人それぞれだろうし、パートナーとの関係に法的な結婚を選ばない人もいる。自分にとって一番いい関係性は何だろうかと考えることが重要で、制度に縛られることが結婚の目的ではないだろう。また離婚が束縛からの解放という意味だけを持つわけではない。子どものために離婚すべきではないと言う人はいる。しかし子どものために離婚を選んだという人もいる。

父親との引き離しを「あんなひどい父親に会わせるの?」と言って正当化することがある。しかしいい親でなければ子どもに会えないのだろうか。そしてそれを決めるのは誰だろう。子どもがいる場合には、子どもを挟んでの互いの関係を仕切り直す必要がある。自分自身を捉え返し、適切な家族の関係を持つためのきっかけとして離婚を選ぶ人もいる。

第6章　家族を積み重ねる

二〇一〇年三月、ぼくは千葉の面会交流の支援を行っている団体の事務所に入った。左の奥の方の一坪ほどのプレイスペースで、詩織と菜種が遊んでいた。

前月には東京高等裁判所で、面会交流の審判の抗告審の決定が出ていた。千葉家裁での審判では、二カ月に一回二時間、詩織たちの暮らす習志野市またはその周辺で、第三者機関の援助を受けつつ面会交流を実施するという内容だった。こういう支援団体は、数こそ少ないが、日本の主要都市を中心に近年活動している。

二〇〇八年の三月に申し立てた調停は不調になり、一〇月に審判に移行した。裁判所で審尋は開かれたものの決定は出ず、翌年の三月には裁判官も調査官も交代になった。新しく担当した裁判官は、俊枝から出てきていた書面が手元にあるのに、それを自分からはこちらに見せようとしなかった。弁護士の清水が裁判所に問い合わせて書面を取り寄せた。

人身保護のときもそうだったけれど、俊枝はぼくの身勝手さを書き連ね、ぼくのせいで子どもたちが翻弄され続けて犠牲になってきたと批判していた。たしかにぼくといっしょになったことで彼女の人生も影響を受けただろう。でもぼくからの結婚の提案に対して別姓という選択をしたのは俊枝だったので、彼女が一方的にぼくを非難したところで、その主張を全面的に受け入れることはできない。

審判はいつになったら結果が出るかもわからず店晒しにされ、その間に親子関係は断たれたままだった。当時はそれが当たり前だったのだ。結局、引き伸ばされるだけ引き伸ばされて待たされた末の、二〇〇九年九月のお粗末な家裁の決定だった。ぼくからは曜日や代替日、居所の通知などさまざまな点について決めてもらうように言っていたけれど、すべて無視された。決定を出さないことで争いの火種は残ったままだ。

それでも菜種の面会交流だけでなく、詩織についても詩織が希望すれば面会ができるとされていたのは、それなりの成果だった。連れ子との面会交流が決定文に触れられる判例は探した限りではない。詩織は会わせたくない母親と、会いたいぼくとの間でいちいち頭を悩ませることにはなるにしても。

回数と時間があまりにも少なすぎ、すぐに抗告した。半年後、高裁の決定は事実認定ではこちらの主張を入れていくつか変更した。だけど面会交流の内容は一審とたいして変わらない。ただ面会の曜日が決まったことと、「抗告人と未成年者菜種との交流を重ねながら、相手方らとの関係改善を図り、面接交渉の方法を更に柔軟化させて交流の度合いを深め、未成年者菜種の健全な育成に向けた実父母の協力関係を再構築する方向で努めていくことが、子どもの福祉に適うものと判断する」という文言が入っていた。

千葉の家庭問題情報センター（ＦＰＩＣ）の事務所で二人のもとに近寄ると、二人はぼくの顔を見てにっこりと笑った。二人とも順番に抱きかかえた。「やっと会えたね」と菜種を抱えると、身体全体でべったりと抱きついてくる。カメラは持っていったから二人の写真を撮って、部屋にあるおもちゃで三人で遊ぶ。決定では受け渡しに支援団体の関与は決められていたけれど、二時間の間であればどこに行くかは自由だった。でも一回目だということで、俊枝が事務所での面会を希望し、ぼくも今後継続できるならとそれに応じた。

二年半の間に菜種は言葉をしゃべるようになっていた。別れたときにはまだ幼児だったけれど、もう髪も伸びて少女になっていた。「パパ」と呼ぶのがうれしそうだ。

「詩織、充すぐに会いに行くって言ったのに、約束守れなかった。ごめんね」

詩織はどうしてなのと聞いてきた。裁判所が決めたことと、つい裁判所のせいにしてしまう。詩織が知りたかったのは、なぜそうなったのかということだろう。毎週月曜日に出していたはがきは届いているかと聞くとうなずいた。詩織は小学校一年生になっていた。

仕事で使う二人には少し大きすぎる一眼レフのカメラを詩織に渡すと、室内のあちこちを撮りはじめた。事務所のスタッフの方にもカメラを向けた。それを現像して、次回にほかの写真とまとめてアルバムにして、二人にそれぞれ手渡した。

二度目に会うときからは事務所の外に出て、近くの公園やお店に行って三人で遊んだ。

ぼくはどうして俊枝と別れることになったのか、公園の机に腰掛けて向かい合う二人に説明した。二人に聞けば二人は「ママは逃げたって言っている」ということだった。ぼくは「充はママと喧嘩ばかりになって充が家を出たよ。充もママのことを叩いたことがあるし、それはいけないことだった。充もママも詩織と菜種といっしょに暮らしたいと思ったけど、法律でママが引き取ることに決まった」と簡単に説明した。それで納得したとは思えなかったけれど、ウソでもなかった。

時間は短いけれど、継続的に子どもと会えるというのがわかったときの安心感は、それまでがこのまま会えなくなるかもしれないという日常的な危機感の中にいたものだから、天と地ほどの違いがある。子どもと会えなくなった親がしきりと同居親に子どもに会わせるように要求し、その懇願に自分のことばかり優先して、と諭す人がいる。そういう人は、子どもと引き離された親が、このまま子どもと引き離されるかもしれないと感じたときの恐怖心を理解していない。「親の権利ばかり主張して」とぼくらに向かって言う人に、ぼくは「あなたやあなたの孫や親せきに子どもがいたなら、一度施設に入れて会えなくなってみたらどうですか。そしたら同じ土俵で話せますから」と言うことにしている。継続的に親子関係が維持でき、親が安心すると、子どももその関係の中で落ち着きを見せることができる。

一回目の面会のとき、二人の養育費を用意して封筒に入れ、スタッフの人に頼んで俊枝に渡してもらうように託した。それまでは二人の分を口座に積み立てていた。千葉の事務所に行くには、電車を乗り継いで二時間半の時間がかかる。一〇時の開始前三〇分に、事務所に着いて封筒を渡し、ぼくは退出して俊枝が子どもたちを連れてくる。俊枝が事務所に子どもたちを残し、スタッフからぼくに電話が来て子どもたちと面会する。終わるときには逆の手順になる。俊枝は養育費を受け取った。

菜種のはっきりした性格は変わっていない。肩車や抱っこをしてくれるようにしょっちゅう言ってくる。会えない間の時間をそれで塗りつぶしていくように。

「ほら、詩織もやってほしいと思ってんだから代ってやって」

菜種に頼むと腕から降りて詩織に変わる。詩織が照れながらそれでも腕に乗っかってくる。会えない間は相手に感謝するなどとても考えられない芸当だった。直接会うようになってから、子育てをする苦労を俊枝に言われることもある。自分で選んだことなのだから、同情する気になりはしなかった。だけどあるとき思い立って、子どもたちの養育費を渡す封筒に、日ごろの子育てについて謝意を伝える手紙を一筆入れた。暴力などの過去の自分の言動について謝ったこともある。相手は変わりはしないし、法もまだ変わらない。せいぜい変えられるのは自分くらいということだ。会えなければ変わることだって難しい。


二〇一一年のこの年最後の面会交流では、ぼくの両親が大分から千葉までやってきた。

国立に子どもたちを連れて行くとき父は反対した。俊枝と詩織を連れてはじめて大分に行ったとき、父は詩織とこれから生まれる子を平等に扱うようにぼくに釘を刺した。国立に子どもたちを引き取るとき、ぼくは子どもは親が見られるならそうすべきだと言った。それに子どもたちと過ごしたかった。結局、人身保護で子どもたちがぼくから引き離されて、父にはぼくに言いたいこともあったはずだ。その後父と一年ほど話をしなかった。

子どもたちが大分にいた間、子どもたちがどういうふうだったのか母に聞いたことがある。二人とも庭仕事や畑仕事をする母と父の側で、のびのびとした時間を過ごしていたようだ。ちょうど二人が大分にいた間は春先の花の咲く時期で、庭に咲き乱れる花々をむしっては遊んでいたという。

「一回だけな、菜種が怒ったことあるわ。あんたが東京に戻るとき、お父さんといっしょに車で出かけたやろう。戻ってきたときに、お父さん一人やった。菜種が機嫌が悪くなってな。畑に連れてイチゴを摘んでやっても、それをポッと投げつけてな。あんたもいっしょに帰っちくると、思ったんやろうなあ」

四年ぶりに孫二人と会った父と母の持ってきたおみやげを、詩織と菜種はすぐにひったくっていた。孫たちの写真はときどき送っていたものの、四年前は満足にしゃべれなかった菜種の大きくなった姿に二人は驚いていた。母は大分で飼っていた犬のシロの写真を持ってきた。詩織に「覚えている」と聞けば、「だって、大分にいたじゃない」と答えていた。ぼくが詩織に大分のことを聞いても、「もう忘れたよ」と言っていたのに。

子どもたちと面会のときに使うお金は一人一〇〇〇円と決めてある。事務所のすぐ近くにある市の施設は、科学館やプレイルームもあってよく行く。エレベーターで科学館に行っておみやげを買い、残りのお金で本屋に行って本を買う。父も母も大きくなった孫たちを抱っこしたがった。離れて暮らす親たちと変わらない。菜種が「おじいちゃん」の腕に抱かれると、父のかぶっていたキャップを下げるしぐさを何回かした。デパートの地下でサンドイッチを買って、科学館のある建物のロビーで三人で食べたら、もう二時間半になっていた。二人にバイバイをして、詩織と菜種を事務所に連れて行った。ぼくの姉と兄に子どもはいなかったので、詩織と菜種は二人にとっては二人だけの孫だった。

後日、実家に電話すると母が出た。

「お父さんが、充はいい宝物を持ったなぁ、って言いよったわ」

父は、戦争で父親を亡くしている。ぼくの祖父は中国大陸に渡り、転戦の末に現在はパプアニューギニアに属するニューブリテン島で戦死している。父の母は戦争が終わってから再婚し、父は妹とともに祖父母の子どもとして養子に入り、家に残されている。物心がついていた父にとっては厳しい体験だったろうけれど、当時は子どもは「家」のものだったのだ。

その後、父は成人してから祖母に会いに行ったという。しかし祖母にもまた新しい「家」があり、父は必ずしも歓迎されなかったようだ。成人すれば母親に会わせてもらえるという約束で育った父は、「一回会ったからいい」とその後母親と会っていない。

だから父に俊枝といっしょになると報告に行ったとき、父は俊枝の連れ子の詩織の父親となれるのかとぼくに念を押したのだ。親に死なれた上に生きている親とも引き離された父にとって、いい加減な気持ちで血のつながっていない子の親づらを、息子のぼくにさせるわけにはいかなかった。詩織と菜種を大分の実家に連れて帰るとき、普通なら血のつながっていない詩織を引き取ることに疑問を挟んでもおかしくない。実際親戚にそういうことを言う人もいたようだ。父は断固として二人を同じ孫として扱っている。

しかし父たちの世代には、親が別れたら子どもは親には会わせないほうがいいという「常識」があり、だからぼくが詩織の父親に会わせることには口を挟んできたし、俊枝が大分にいる子どもに会いたいと言ってきたときには、父は会わせるべきだと言ったぼくと対立している。父にとってみれば、別れた後で子どもが両方の親の間を自由に行き来するなど、それこそ子どもが落ち着かないし、何より自分自身が置かれた環境を否定することになる。腑に落ちないところがあっただろう。結局当時の父にとってみても、子どもは家のものだったのかもしれない。

だったら孫に会いに来るのは大きくなってからにすればいいのかもしれない。だけど結局父にとってみても、そして母にとってみても、孫はかわいいのだ。「親の因果が子に報い」という言葉があるけれど、それが報いとなるかどうかは、これから詩織と菜種とどう関係を作っていけるのかということに寄る。祖父母の子育てへの関与は以前よりもっと期待されている。父たちの関係はぼくとは違うものだし、ぼくが会えなければ父たちもまた孫に会えないというわけでもない。新しく家族としての関係を作っていく中で、父が喜びを感じていけるなら、それはそれでいいではないか。ぼくにとってそれは「報い」ではない。

面会交流が始められて半年ほど過ぎたとき、それまで「パパ」や「お父さん」と呼んでいた子どもたちが、急にそう呼ばなくなったときがあった。ぼくはいっしょに暮らしていたときと同じように、自分のことは「みつる」と二人に言っていた。

詩織は、「ママがね、パパって呼んじゃいけないんだって。知らないおじさんといっしょなんだって」とぼくに言った。菜種がちょっと困ったなという顔をした。

「あのね、充と俊枝ママは意見が違うから。どっちが正しいってことはないよ。充はお父さんは二人も三人もいていいと思っている。詩織も菜種も、充はお父さんだからね」

菜種は、小さな声で「パパ」と言って、またそう呼ぶようになった。詩織は自分には血のつながった父が別にいるということはわかっているし、ぼくもそれは話す。二人にした説明はぼくにとっては都合がよくても、子どもたちにとってはどうだろう。詩織も菜種も偉そうに父親ぶるなって思うだろうか。

「お父さんだから、大きくなるまではちゃんと二人のことは育てるんだから」

「大きくなってからはどうなの」

詩織がすぐに聞き返した。

「大きくなってからもだよ。ずっとお父さんだから」

詩織はそれから二度ほど面会交流に来ないときがあった。

俊枝は面会交流の仲介団体の人を間に挟んでぼくと面会交流の話をするときに、思うようにならないと、「詩織はあなたの子じゃないのよ」とぼくに言うことがあった。母親からそう言われれば、どうして自分が会いに行かないといけないのかと、詩織が来ない気持ちもわからないでもなかった。ぼくが何か俊枝に要求を出し、それに俊枝が感情的に反発した次の面会交流を詩織が休む。

詩織のいない面会交流で菜種と二人で外に出かけたとき、「この間家族で動物園に出かけたんだ」という菜種に、「充は菜種の家族じゃないのかな」と聞き返したことがあった。菜種にとっては答えられない質問だったかもしれない。菜種が黙り込んだ。

それでもぼくや詩織や菜種、それに俊枝たちにとっても、いっしょに暮らしている親族だけを家族とみなすことが、それぞれの対立を根拠づけているのであれば、菜種にはそんな考えだけが正しいとは思ってほしくはない。何より、ぼくと会うことは周りからいけないことであるかのように見られていると、菜種に思ってほしくはなかった。そうなれば、菜種自身がいちゃいけない存在と自分自身を捉えることになる。

詩織がいないと、ぼくは二度と詩織と会えなくなるのではないかと焦り、菜種も一人での面会交流を楽しめない。姉が行けないのに自分だけ会いに行くのかと思うだろう。一方、詩織にしてみれば、二人にぼくが会いに来ているといっても、菜種にはぼくが会いに来てくれるのに、どうして自分の父はとふと思うことはきっとあるに違いない。「会いにいきたいと言えば会わせる」という親の言葉だけでは足りないのだ。自由に会いに行ってもいいという環境がなければ子どもは「会いたい」とは言い出せない。

詩織もまた母親の感情だけでなく、俊枝がよって立つ家族の理想像に影響を受けている。そこにはぼくは本来いてはいけない存在なのだろう。それはぼくだけでなく、「宗像さんたちのところは、母親が再婚しているということで、他の面会交流のケースとは違うから」と、およそ子どものために面会交流をしているとはとても思えない発想で、「支援」を行う仲介団体のＦＰＩＣの姿勢にも現れていた。

あるときぼくのもとに、ぼくと同じように連れ子のいる妻と離婚した経験のある父親がやってきた。当時ぼくは、共同親権運動ネットワークの専従職員として、新宿の事務所で一年間だけ勤務し、その間に親たちの相談も受けていた。

その父親は、再婚時に妻の連れ子と養子縁組し、母親と自分との間の子どもだけでなく、その連れ子も自分の子どもとして育てていた。母親は新しく恋人ができて、それが自分の知人であるところもぼくと同じだった。母親とは離婚することになった。しかし離婚した後も、その父親は母親から求められても、子どもとの養子縁組は解消しなかった。その理由を裁判所で聞かれた彼は、「男は女と違って、自分の子どもは教えられないと知ることができません。だから血のつながった子も、養子縁組した子も、ぼくにとってははじめて出会ったという点では変わらないんです。養子縁組を解消するということが、その子にとってどうしてもいいことだとはぼくには思えなかった」と説明したという。

その話を聞いて、結婚も養子縁組もしておらず、詩織との間で法的な家族関係が過去何もなかったにしても、そのことでぼくが詩織に遠慮することは、詩織のためにはけしてならないと思った。そのエピソードをFPICのスタッフに話し、FPICが俊枝を説得して、再び俊枝が詩織を菜種といっしょに連れてくるようになった。詩織に会わなくていいとぼくが言いだせば、「やっぱりね」と詩織が思うのは当たり前だ。それは詩織にウソをつくことだ。

面会交流が始まって一年が過ぎ、ぼくは詩織をおんぶして、時間に追われるように事務所に向かった。

「あのね詩織。充はね、俊枝さんといっしょになったときに、詩織のお父さんになったの。俊枝さんとは別れちゃった。だけど、詩織のお父さんはやめてないから。だから詩織のお父さんのままだから」

詩織はぼくのことを昔と同じように「みつるさん」と呼ぶ。ときどき「パパ」と呼んで、「あ、言っちゃいけないんだ」と言い直している。

家族はどうして家族なのだろうか。

家族は家族を積み重ねることでしかできていかない。

＊

千葉市で詩織と菜種と会うようになってから一年半後、二〇一一年の八月、ぼくはもう一度、家庭裁判所に調停を申し立てた。その年の五月には面会交流の時間が三〇分増えた。俊枝に対して九時から五時までの終日の面会交流を毎月するように求めたところ、ＦＰＩＣの職員が説得して三〇分だけ延びたのだ。しかしそれ以上の交流の時間や頻度は、俊枝に何回か手紙で頼んでもらちが明かず、手紙で俊枝に調停で話し合うことを知らせた上で裁判所に申請した。裁判官は前の調停と同じ今井理基夫だった。

「あなたのおかげでまたここに来なきゃいけなくなったって、裁判官さんにちゃんと伝えてくださいよね」

調停委員たちは無言だった。その一回目の調停を俊枝たちは再び欠席した。俊枝はぼくが調停を申し立てることは知っていたので、妨害のための欠席なのは明らかだった。再び裁判所に出頭勧告をしてもらうように頼み、男性の調査官の杉下晋平が俊枝の自宅を訪問した。

俊枝の欠席した調停で、調停委員たちはぼくにどうしてもう一度調停を起こしたのか、その間にどんな事情の変更があったのかと聞いてきた。俊枝が欠席したのを見た調停委員たちは、お互いの話し合いがうまくいかないので、ぼくが裁判所にすがって来たと言いたそうな雰囲気だった。それのどこがいけないのかと思わないでもないけれど、裁判所では一度決定した取り決めを変更するには理由がいる。

ぼくは子どもたちとの面会交流が順調にいっていること、それ自体が変更の理由だと調停委員たちに言った。「二時間の面会交流がどんなものか想像がつきますか――」。裁判所の近くの千葉城まで行ってお弁当を食べ、帰りがけに本屋に寄って買い物をしたらそれでおしまいなのだ。「それはたしかに理由になる」。杉下が言った。

子どもたちがけんかをする。いっしょに乗ったモノレールの中でずっとやめない。物の取り合いになることが多い。うまく公平に説明することができればいいけれど、結局ぼくが二人とも叱ってしまう。納得できないほうがすねる。なんてことをしていると、もうちょっと違ったやり方があったかなと後悔する。次はうまくやろうと思っても二カ月後だ。子どもたちの心が離れて交流を拒めば生き別れになりかねない。子どもの歓心を買おうとする親が、物を買い与えてそれで同居親の側の反感を買うことがよくある。自然に振る舞うことがしにくくなる。親子を演技しているかのようだ。

出席してきた調停で、俊枝は時間を四時間にのばすことを伝えてきた。

「そんなの、モノレール乗って、動物園行って、ゾウとライオン見たらおしまいですよ」

杉下が笑っていた。調停委員たちは、月に一度の面会交流を相手方に提案したという。「間をとったんですね」と言って、とりあえずの取り決めでまた家裁に来ることになるのかと、うんざりもする。これじゃいっしょに布団を敷いたり、ご飯を作ったりはできない。相手だって何度も家裁に来るのはいやだろう。

調停では再び調査官の杉下による子の意向調査が行なわれた。子どもたちがどういう生活をしているかがわからなければ、適切な面会交流の頻度なんて議論できない、とぼくが調停で言って実現した。なにしろ俊枝に言っても、ほとんど何も子どもたちの生活について伝えてこない。

調査後のレポートの閲覧申請は杉下が手続きを教えてくれた。前回の調停で裁判官は、相手方から出てきていた書面が手元にあるのに、それをぼくに渡さなかった。

当事者間に裁判の主導権が委ねられ、裁判官がレフェリー役になる民事裁判の弁論主義と違い、刑事事件や家事事件の特徴である職権主義のもとでは、迅速な調査と決定が行なわれるという建前で、裁判官が裁判の主導的な役割を果たす。しかし、当事者に反論の機会も与えられず、不意打ちで決定が出され、しかもその決定がいつ出るかもわからずに一年近くも店晒しされたりすれば、利用者が不満に思うのは当たり前だ。裁判官が仕事を後回しにする間、子どもと引き離されるのだから。

これでは職権主義ではなく「職権濫用主義」だとぼくたちは揶揄していた。この年の五月にそれまでの家事審判法が改正され、家事事件手続法が新たに公布された。施行は二〇一三年一月でまだ一年以上間があったけれど、家庭裁判所も新しい家事事件手続法を前倒しして実施するようになった。

またこの二〇一一年五月には、民法七六六条が改正され、はじめて民法に「子の監護に要する費用(養育費)の分担」と「面会及びその他の交流(面会交流)」という言葉が明記されることになった。

民法七六六条は父母の離婚時に、「子の監護をすべき者その他監護について必要な事項」は協議で決め、協議できなければ裁判所が決めると書かれているだけの規定だ。これがそれまで面会交流や養育費を裁判所が取り決める根拠条文とされてきた。そこに具体的な取り決め事項が入り、しかも「この場合においては、子の利益を最も優先して考慮しなければならない」とその後に続いていることからわかるように、子どものためには面会交流を進めるべきだという価値が法律に盛り込まれた。これらの条文が付け加わったことで、裁判所に期待される役割は以前より格段に高まった。

こういった法改正は、裁判所の職員に言わせれば、これまでの裁判所の法運用が条文化されただけと受け流す傾向もある。実際にはぼくたちの活動もあり、片親疎外の現実が新聞で取り上げられるようになり、国会議員レベルでも知られるようになったことから、他の別姓などの民法改正より先んじて、児童虐待に関する親権停止の条文とともに法改正が実現した。

当時の江田五月法務大臣は、「理由なく他方の親の同意なく子を連れ去る、これが適切ではないということは、私は言うまでもないことと思いますが、基本的には夫婦間で子の監護について話し合いをすべきであって、そうした話し合いなく連れ去るときには家庭裁判所が役割を果たす」と具体的に言及している。この民法七六六条の施行は二〇一二年四月に予定されていた。

ぼくの場合はぼくに親権がないから、まるでぼくが連れ去ったかのように裁判所は色眼鏡で見て、「子どもを渡してから話し合え」と高裁の裁判官に言い放たれた経験があるから、法改正を受け、子どもの視点で裁判所が主導的な役割を果たしてくれるのではと少しは期待した。調査官の杉下は、子どもに会いに行ったときの様子をぼくに伝えてくれた。

「あの二人は仲がいいですね。それにお姉ちゃんの詩織ちゃんはやさしい子で、菜種ちゃんのことをよく気にかけています。それから宗像さんのことは『充』って呼んでいました」

「それはぼくと暮らしていたときからそうでしたから」

ぼくの前では遠慮がちでも、やはり二人いっしょにいるときは以前のように呼んでいた。

「充さんと会うのは楽しいですか、と聞くと、すぐ『楽しい』って答えてました。もっと会いたいですか、と聞くと『会いたい』とすぐ答えていましたね」

それだけ面会交流がうまくいっているということは、裁判所の職員にも伝わったようだ。


結局、調査官の報告を受けて、裁判所は俊枝たちに隔月四時間では少ないのでもう一度考えてくるようにと言い置いて返したという。持ち帰って考えたところで俊枝たちが時間を延ばす理由もないから、その裁判所の措置にぼくは抗議したけれど、案の定、次回の調停では向こうが現状のままでと後退した主張を述べた。裁判所は法律が変わっても、子どものためになる調停運用の方法を知らない。

それに、親であるぼくの同意などまったく考慮しない調停運用は不公平だった。調停が合意を得る手続きといっても、ぼくが隔月二時間の面会交流に同意したわけではなかったし、同意を得るのは向こうばかりで、いつ調停日を入れられるのかすらぼくの意思は考慮されない。

向こうは調停を休んだ次の回に出てきて、二カ月先の調停日を再度入れて先延ばししているのは明らかだった。それに抗議すれば、調停委員が「そうですよね」と言って、次回期日が前倒しになる。だったら最初からぼくに聞かずに裁判所が適切と思う次回期日を両者に斡旋すべきなのだ。お互いの主張の伝言ゲームを調停委員がすればするほど、主張がかけ離れていく。医者は最近は患者に施術のリスクや手法を説明して、同意を得て施術を行う。裁判所においても利用者に説得し、同意を得つつ運用を行なうインフォームドコンセントがなされるべきだ。

それもこれも、裁判所が子どもを持っているほうの意向を無視して面会交流を実施するなんて難しい、という考えから踏み出せないことが大きい。その結果、別居親の養育に対して、同居親による妨害を放置し、それに親権や監護権があるとかないとかで後付の理由をつける。

その間に子どもたちの新学期が始まり、詩織は四年生、菜種は一年生になっていた。以前学校に電話して、詩織たちの学校では五月ごろ運動会が行なわれることはわかっていたので、見に行くために「近所に住んでいるものですけど」と電話した。子どもの親が運動会の日程を知らないのも変だと思ったからだ。

学校は日程を教えてくれたけれど、しばらくするとぼくの自宅の電話に学校から電話がかかってきた。受話器をとると女性の教頭が、「市外局番が違うからかけ直しました」と電話口に出た。謝って子どもが学校に通っていると事情を説明して、あらためて面談のお願いをすると断った。ウソをついたことになるわけだけれど、どっちにしろ運動会の日程など公開情報だから、事実関係を確認できればさほど問題になることでもない。

それが学校との長いやり取りの始まりだった。ぼくはすぐに学校にファックスを送り、校長と会って面談を求め、今後学校行事に参加する意向であることを申し入れた。多分進行中の審判に影響することもあるだろうと、ぼくは担当の書記官に電話して、学校側とコンタクトをとったことを伝えた。

五月にぼくは、知り合いの心理カウンセラーを同伴して子どもの運動会を見に行った。ファックスでは運動会であいさつすると書き送っていたので、本部席に行って校長に挨拶をした。校長は明らかにどう対応していいかわからない様子だった。俊枝には事前に連絡していたけれど、どの子が詩織と菜種かは遠くからではなかなか判別できず、混乱の起きようもなかった。それでも子どもたちにお父さんが見に来ているよと伝えるのが目的だったから、ぼく自身が子どもと会えなくてもそれはそれで仕方がない。

翌六月、二カ月待たされた調停の期日が入り、案の定、俊枝たちは、ぼくが学校と連絡をとったことを理由に面会交流の拡充を拒んだ。先延ばしされるだけの期日の設定について、裁判所側の場当たり的な調停運営に呆れ気味だったので、「今日は納得のいく説明があるまでここを動きませんから」と現れた裁判官の駒谷孝雄はじめ職員たちに言った。

「じゃあ私が動きます」

駒谷は言って、調査官の杉下とぼくを置いて、書記官と調停委員を引き連れて出ていった。調停に戻ってきた駒谷は、「今日は両方の話を聞くばかりで裁判所の出る幕がなかった」と書記官と顔を見合わせていた。俊枝の反発ぶりが想像できた。案の定調停は審判に移行した。だったらもっと早く審判で決めればいい。裁判所は善意で調停による話し合いの解決を目指したようだけれど、結局「自分たちが拒めば会わせることなどできない」と思っている同居親の前では、こういった手続きの悪用を防げない。

駒谷は「審判はたたかいの場だから」と言った。双方に反論の機会を与えるため書面の提出を課し、審尋の場では発言させないと双方に説明した。ぼくが前回の審判で反論の機会を奪われそうになったと批判したことを受けての、手続きの保障のつもりなのだろう。しかし「書面にして出せ」というのは「聞く気がない」というのと同義だから、俊枝もぼくも反発した。駒谷は当事者を争わせ、子どものために迅速な訴訟指揮をとることを放棄した。会えなくなっても当事者のせいで、私たちは知らない、という裁判所の無責任ぶりに、利用者の裁判所への不信は根強い。

改正民法七六六条が審議された際、江田法務大臣は「可能な限り家庭裁判所は親子の面会交流ができるように努める、これはこの法律の意図するところだ」と述べて、かなり踏み込んで面会交流促進のために家庭裁判所が主導的な役割を果たすことを期待している。その上で、「新しい家族や親子のあり方、離婚後の夫婦であったもののあり方、こうしたものをこれからみんなで探っていく時代に来ているわけで、そういう思いをこの法改正というものは含んでいる」と法改正への思いを語っている。

俊枝たちが欠席した審判で、ぼくが駒谷に何度か発言を求めてこの江田の発言を指摘したところ、駒谷は「私は江田さんほど新しい考えではない」としゃべっていた。駒谷の頭の作りなどぼくは聞いていない。

*

当時、法改正を受けて、これまで同居親たちの交流妨害を放置してきた裁判官への批判は強まっていた。「面会及びその他の交流」について明文化した民法改正案が成立した前日の五月二七日には、子どもとの交流を絶たれた父親の一人が、江田の国会での答弁などを踏まえて「子の利益」に叶う判断をしてほしいと、千葉家庭裁判所松戸支部の調停で発言し、それに対し裁判官の若林辰繁は「法務大臣が国会で何を言おうと関係ない。国会審議など、これまで参考にしたことは一度もない」と言い放っている。この発言は、国会議員の怒りも買い、「裁判官の独立」ではなく「裁判の独善」と国会審議の中で批判されている。

こういった裁判官たちによる暴言は、ぼくが当事者になった二〇〇八年当時は別居親たちの間で頻繁に聞かれた。特に家庭裁判所の事件は、傍聴ができず非公開の中でなされ、録音もできないので、子どもを諦めさせる調停委員や裁判官の発言は、女性には「あなたもまだ若いんだから早く再婚して子どもを生んだら」、男性には「子どもは母親が見るのは当たり前」といったセクハラ発言から、離婚を受け入れさせるために「離婚なんて芸能人にとっちゃ勲章みたいなものよ」と利用者を馬鹿にし、審判移行をさせず取り下げを勧めるために、「審判に行ったところでどうせ月に一回」と決め打ちし、当事者の揚げ足をとって子どもを諦めさせ、「一件落着」させることに集中していた。裁判所に、双方の親の養育への関与を保障するのが子どもの利益で、その利益を守るためには親とも対立する、という意思が最初からないと、こういう結果になりやすい。

ぼくは「家裁監視団」という団体を共同親権運動ネットワーク内の委員会として立ち上げ、こういった裁判所職員の暴言や手続きの無視、虚偽の手続きを教えた事例などを実名とともにインターネットのブログにアップしてメール配信し始めた。その内容をまとめて三年続けて「家庭裁判所チェック」という冊子にして公表した。公表すると、「私も同じような被害を受けた」というメッセージが寄せられ、それをさらに公表する。公表する過程で裁判で不利にされると困るからという理由で泣き寝入りする人も少なくないので、実態はもっとひどく裾野も広い。現在ウェブ上に公表した「家庭裁判所チェック」は、共同親権運動ネットワークのホームページ内で最高のアクセス数を誇る「ヒット商品」となっている。

裁判所は、人事を握る最高裁判所事務総局による統制が以前から組織の腐敗を生みだしてきたと批判にさらされてきた。実際毎年のように痴漢や盗撮といった裁判官による性犯罪が報告されている。ぼくに言わせれば、そういう人が裁判官をしているというだけの話だ。ただし、裁判官の選任は民間の声が一切反映されないキャリアシステムで、最高裁判事の国民審査も形骸化し、その上民間の要望を受け止めたり、利用者の苦情を受け付けたりするシステムがない状況では、組織の腐敗に歯止めがかからないのは明らかだ。

さらに、家庭裁判所の審理は離婚裁判以外は傍聴もできない密室であり、一段と道理も世間の常識も通用しにくい。「二度と家裁に行きたくない」という声は、別居親、同居親双方に共通している。公正さのみが裁判所の利用者に対する信頼のよすがだっただけに、裁判官がズルする上に説得力もない、ただの公務員だという実態が流通してしまった後の組織の展望を、裁判所が描いているようには思えない。

ぼくたちの会は家裁内で唯一、民間の声を取り入れるシステムである「家庭裁判所委員会」に時折要望書を届ける。この組織は弁護士や学者、商店街の会長といった名士的な人が、年に二〜三回程度裁判所のあり方について意見交換をする場だ。ところがこの委員会の委員長は諮問する側の裁判所長だし、傍聴もできない。

一度ぼくは「傍聴させてほしい」と要望書を届けたことがある。後日裁判所のホームページで、議事録が公表されている委員会の審議の中では、「自由な意見交換ができなくなる」という発言が出て要望書が却下されていて驚いた。今どきこんな理由が通用する役所がほかにあるのだろうか。家庭裁判所に調停等の利用状況のアンケートを届けると、「任意団体からの調査には応じられない」と答える家裁もある。およそ役所の名に値しないのが裁判所だ。

家庭裁判所は「家庭に光を　少年に愛を」というスローガンを掲げて、アメリカの家庭裁判所をモデルに戦後に出発した組織だ。もともと日本国憲法の理念のもと、家庭の民主化を実現するためにスタートしたものだ。しかし家庭内の争いは裁判ではなく話し合いで、という想定のもとに、調停と行政処分的な審判がその中心的な役割を担ってきた。家族に関する法律もそれを下支えして、裁判所の決定に白紙委任している民法上の規定が少なくない。

それでも、家長を筆頭にした家制度のもと、相続や財産分与など、家庭内での権利が法的に保障されてこなかった女性の地位の向上のために、戦後家庭裁判所が果たした役割は一定程度あるだろう。離婚に関して言えば、養育費や慰謝料を女性の側が獲得するのはもはや慣例となっている。

面会交流もまた、面会交流という言葉など影も形もない民法七六六条を根拠に、裁判所の措置として取り決められるようになった。これはたしかに家裁の善意の一例だ。

戦後すぐは戦前からの流れで、家督を相続する子どもの親権を女性が得ることは困難で、一方で子どもの養育を男性が担うのは現実的ではないとされた。そのため親権を父親に、監護権を女性にするのが一般的だった。そうでなければ母親はぼくの父親が体験したように、子どもを置いて家を出た。しかしそれは子どもは母親が育てるのが当たり前、という母性神話の範囲内でだ。かわいそうな母親に子どもを会わせたい、というのが裁判所が面会交流を措置として斡旋するようになった背景にある。

だから裁判所は当事者の権利として親子交流が主張されることをとても嫌う。「あなたたちのためにいいように取り計らってあげているのに権利を主張するのか」というのが、裁判所の職員の意識に通底しているのだろう。でも時代は変わった。

女性が親権をとれるようになり、親権取得の男女比率が逆転するのは、高度成長期の一九六六年のことだ。実務において面会交流が家裁の審判で認められるようになったのは、親権を取得する男女比率が逆転する直前の一九六四年からだ。一九八四年には最高裁もこれを認めた。親権は一九九九年以降、大方八〇％が母方に行くことで定着している。男性の側の親権の帰属は約一五％。それ以外の形式が残りを占める。一五％の女性が親権を持たないというのも現実だ。

親権を女性がとるようになったのは、それだけ子どもを連れて女性が家を出ることへの抵抗感がなくなったことにもよるだろう。以前なら実家に女性が子連れで戻っても追い返していただろうし、女性が一人で子どもを抱えて自立できるだけの社会環境も整っていなかった。そういった女性たちの支援が女性たちの手で組織化されていったのも事実だし、そういった人たちの中からＤＶ被害者の保護や支援も取り組まれるようになった。

しかし、子どもを連れ去られて会えなくなった親たちが権利主張するようになると、権利の主体は、これまで社会的には「支配者」で「悪者」と見られがちな男に移っていった。一九九九年に比べると二〇一三年には家庭裁判所への調停・審判の申立件数は一四年間で五・七倍にもなっている。

連れ去りの件数がそれだけ増えたのだ。

当然育児に関わってきたので男性に権利意識も強い。「イクメン」と言われて進んで育児を担ってきた父親たちが、子どもと引き離され、その同じ国家機関で月に一度程度の雀の涙ほどの子どもとの接触しか「措置」されず、しかもそのうち半分近くが守られないと知ったときの父親たちの絶望は深く、憤りは大きい。しかし相手との話し合いを拒まれた父親たちは、家裁に行くしかほかに手立てがない。


ぼくの場合は、川野との関係を正当化するために家庭の体裁を整え、人身保護という超法規的な法律を使ってまで父親のもとから有無を言わさず子どもを奪っていったわけだから、俊枝と川野にそれに対する後ろめたさがまったくないとしたら、ちょっと信じがたい。

当然、ぼくの感情に過敏になっているはずで、ぼくが普通に話し合いを求めようとしても、必要以上に感情的な反応を示すのは当たり前だ。実際そうなっている。「会わせてやっているのになんだその態度は」という理屈で、後ろめたさの裏返しで開き直りたくなるのだろう。それに対して「親なんだから」とぼくが言えば「権利を主張して」と逆上する。話し合いなどもともと成り立ちがたいのだ。そんな構図は裁判所には見えないわけもないけれど、それに具体的に対処する方法もまた裁判所の人たちは身に着けていない。

ぼくは学校に行った件について、調査官が「相手が怒っているんです」と言われて、その収拾をぼくに求められそうになったとき、「勝手に怒ってるんですから放っておくしかないでしょう。ぼくはそのことで譲る材料は何もないですから」と答えるしかなかった。俊枝の感情への対処なら、夫の川野がしっかりしてほしい。

結局半年も審判が長引いた末、翌二〇一三年の二月末に、駒谷がようやく審判の決定を出し、調停で俊枝たちが言った四時間に交流時間が延長されただけだった。この結果を見て肩を落とす子どもたちの様子が目に浮かんで、ほんとうに不憫だった。

俊枝はいっしょに暮らしていたとき、もし離婚になれば「クレイマー・クレイマーみたいに悪口を言い合うのよ」とぼくに言ってきたことがあった。それを地で行く俊枝の主張は、ぼくが毎年国立の小学校で卒入学式の時期に配っている「日の丸・君が代」強制反対の子ども向けのチラシを、子どもあてに送った点にまで及んでいてびっくりした。なぜならその運動は、かつては川野も担っていたものだし、俊枝もチラシを配ったことがあるからだ。

そんな主張をすればぼくが反論するのはわかりきっていることだけれど、反論しなければ親権者の意向を優先して揚げ足をとる裁判所の実態も知っているので、ぼくは翌月の期日を設定して反論の文書を作ることになる。

もちろんぼくが子どもたちの学校に行った点については、俊枝は運動会で校長に挨拶をした行為を、校長たちに迷惑をかけたと交流を制約する理由にしていたし、ぼくが学校宛に送ったファックスまで証拠として出てきた。それは学校が俊枝に渡さなければ出てこないものだ。驚いたことに裁判所に聞けば、なんと学校はどうしたらいいか裁判所に聞いて判断を仰いだというのだ。明らかに学校は中立の立場を踏み外して、俊枝の側で裁判に関与していた。

面会交流の仲介を請け負ったのは、家庭裁判所の調査官出身者が中心になって作った家庭問題情報センター（ＦＰＩＣ）という団体だ。ここも事態を混乱させた。

俊枝はぼくが運動会に行った次の面会交流で、ＦＰＩＣの事務所に一人で現れ、学校に行ったことを子どもに言うようなら子どもは会わせない、と明らかに人質取引を行なった。詩織はその日の面会交流に来ていなかった。「これは人質取引ですよね」とぼくが言うと、ＦＰＩＣの職員は「そんな言い方」と血相を変え、男性の職員は、「なぜ相手方の同意をえずに学校に行くのか」とぼくに説明を求めた。

ぼくは、「子どもの学校の人と会って子どものことを知るのは親として当然の務めで、事前に裁判所にも言っている」と言った。

「あなたは親じゃないんだ。親権者じゃない。対等じゃないんだ」

ＦＰＩＣの職員の口から本音がこぼれ落ちた。

ぼくが法的な説明をしようとすると、「裁判所の通りにやらないといけないわけじゃない」と話にならない。

俊枝はその場でぼくに対し「変質者」と明らかに悪意で暴言を吐いていたけれど、それはそんなFPICの態度を見透かしてのことだった。

ぼくが「面会交流は子育ての時間なんだから」と言うとしまいに「面会交流は子どもと楽しく過ごす時間です。面会交流は子育てではありません。子育てをするのは親権者です。FPICはそういう考えではやれない」と強調する。どうやらこの団体では、裁判所の取り決めという法よりも、親権者の意向のほうが優先するようだ。

この日、菜種との面会は勝手にFPICが事務所内と制限をつけた。

結局ぼくは、現場で混乱を避けるため、次回から弁護士を同伴して中立なはずのFPICに料金を払いながら行かざるをえなくなった。俊枝はもちろん、ぼくが受け渡しの現場を混乱させたと、面会をさせない理由にした。

ふるっていたのは、駒谷が面会を四時間以上に延ばせない理由を「双方の対立が激しいから」としていたことだ。「審判は対立の場だから」と説明したのは駒谷だった。ばかばかしいことに、調停が継続している限り、「会わせてもらう側」は子どもに対する一切の権利を制約される。そしてそのことを無視すると、社会的に制裁を受けることになるのは別居親子だった。

FPICによって事務所の一角に閉じ込められ、菜種はどうしてかと聞いてきた。ぼくは答えようがなかった。当然その日の面会交流が牢獄の中の面会のような切なさを伴い、ちっとも楽しくなかったのは言うまでもない。

それでも駒谷は受け渡し時に協議を行なわないように規定し、学校の公開授業への参観を、子どもの福祉に叶うものと述べていた。親子交流への世論の高まりを受けて、一方的に親権者の意向だけを取り入れることもできなくなったのだ。

結局、家庭裁判所とは戦前の家制度が想定した家族の形、つまり戸籍に表示される子どもと両親という形式をぼくたちに押し付ける場でしかない。夫婦同姓の強制や婚外子の相続分差別の規定も、そう考えれば納得がいく。三〇〇日規定で当事者の申告以上に、菜種の戸籍の移動に国の審査が必要とされたのも同じ理由だろう。面会交流もその範囲のものでしか認められない。

ぼくたちは家の門前まで行って、「恐れ多いことですがよろしいでしょうか」と言っている範囲で、運が良ければ子どもに会える。そこで権利を主張しようものなら、たちまち懲罰を与えられる。そう、家庭裁判所は家制度の門番なのだ。

＊

裁判官の駒谷が書いた千葉家裁の決定は、ぼくが一回目の調停から提案していた隔週の面会交流や、それに向けての段階的な面会交流の拡充計画について触れないままで、しかも仲介を混乱させたＦＰＩＣの利用を依然として決定文に入れていた。ぼくもＦＰＩＣも利用をやめたがっていたのを駒谷は知っている。同居親の意向を尊重させれば、世の中の仕組みがそれに応じて動くとでも思っているのだろうか。

事実認定についても一回目の審判の高裁で訂正されたところまで、元通りの誤った事実認定をし、一見してきちんと書面に目を落としていない。書面で提出しろと言っておいてこの有様だ。

審判の最終段階ではついに俊枝が交流をさせない主張を申し立てて、それまで会わせると言っていた主張をひっくり返したため、ぼくは再び弁護士の清水を調停に同行してもらい、当事者能力を失った裁判官に意見を言ってもらうことになった。結局俊枝は抗告しなかったから、不満足な内容であっても、ぼくたちはまず四時間の面会交流を実施することになった。

ＦＰＩＣが仲介から手を引きたがっていたから、ぼくは弁護士の清水にお願いして仲介場所を審判で書かれた通りの「習志野市またはその周辺」で行うように求め、それに対して俊枝はこれまで通り千葉市での面会交流をしたがった。結局すったもんだの挙句、子どもたちが暮らしている家の近くの駅で受け渡しが行われることが俊枝との間で合意され、その内容を清水が手紙で俊枝に確認のために送った。

ただし、俊枝は駅で子どもたちを渡した後、ぼくたちがよその場所に行くよう改札前の受け渡しにこだわったし、ぼくは駅前の交番前で受け渡しを主張してそこは留保したままだった。交番など人の眼のある場所での受け渡しは海外では一般的だったし、そもそもが子どもが暮らす場所の近くで普通に親子が会えるようにというのが裁判所の意図だった。さっさとよその場所に追い払うように、同居する親の意図を会う度に子どもが感じるのは、子どものためとは言えなかった。

子どもたちは、一年以上にわたって調停と審判が長引く間に、面会交流に来ること自体が俊枝や川野の機嫌を損ねるものであることを、受け渡しの場面でトラブルになる度に学んでいったことだろう。二年前と同じく、裁判所は引き離しの主要な加害者だった。


一度、受け渡しがＦＰＩＣではまともにできないので、二〇一二年の一一月の面会交流時には、弁護士の清水にいっしょに来てもらったことがある。その日も俊枝はＦＰＩＣの机についていた。俊枝は清水の姿を見てどうして来たのかと声を荒げ、清水が同伴するというと「会わせませんよ」と平気で言った。俊枝は怒って子どもたちを連れて外に出て、そのまま川野の車で二〇分近く市内をドライブしていたのだという。

結局「いてもしかたないから」とぼくたちが帰宅をしようとすると、ＦＰＩＣの職員が俊枝を呼び出し会えるようになった。ところが、エレベーターホールで子どもといっしょに出ようとすると、俊枝は詩織の身体を押さえて、清水が同伴しないように改めて求めた。そういう場面を体験して、子どもたちが怯えたところで、どっちにしろ、子どもたちはその後俊枝のもとに帰らなければならない。

調停が継続しているため、決定がすぐに出れば本当はもっと過ごせたはずのぼくとの時間を、子どもたちは毎日毎日奪われていた。裁判所にその自覚はなく、交流時間を延長できないまともな理由も答えられはしなかった。子どもたちは誰からもなぜ自分たちが父親といっしょに自由に過ごせないのか、説明してもらえなかった。菜種は「パパが悪いんでしょう」と言うこともあった。それをすぐにぼくは否定する。

そんな緊張感を伴う面会交流を一年以上続け、子どもたちが言ってもダメだとあきらめないとしたら、よっぽど意志の強い子どもだろう。回を重ねるごとに、二人の様子はよそよそしさを増していった。

二〇一三年の三月に駒谷が決定を出し、その後FPICを通じて千葉で会った後、七月にぼくが子どもたちの家の近くの駅で待っても、俊枝は子どもたちを連れてこなかった。表向きは、子どもたちが家の近所での面会交流に応じなかったというのが理由だけれど、実際問題、「あなたたちのお父さんがわざわざ迎えに来てくれているんだから、行ってきなさい」と俊枝が子どもたちに言うことは想像できない。面会交流期日の第二日曜日、約束した子どもたちの家の近くの駅で待った後、子どもたちの家まで子どもたちを迎えに行ったこともある。それでも中にいた俊枝と川野は居留守を使い、子どもたちを表に出しはしなかったし、自分たちが表に出てくることもなかった。

結局、ぼくは受け渡しの場所と面会交流の拡充を求めて再び調停を千葉家裁に申し立てた。俊枝は再び調停を欠席し審判に移行した。調停中に俊枝が裁判所に促されて九月に一度千葉で子どもたちと会ったものの、その後再び俊枝は交流を拒み、結局二〇一四年の三月まで、半年にわたって子どもたちとは会えなくなった。

俊枝が会わせない理由も、子どもが嫌がっているとか、予定が入っているといったものから、最終的には裁判が確定していないのでと変わっていった。決定を守るようにと履行勧告を促す裁判所を無視する態度で終始し、まともな理由はない。

二〇一二年三月に、俊枝が高裁まで抗告してがんばったすべての裁判が終結し、結局受け渡し場所が、俊枝が主張した千葉市と、ぼくが主張した子どもの家のそばの駅の中間の、習志野市内の別の駅に決められた。裁判所の以前の決定の範囲で、両者の中間をとったのは明らかで、実際調査官もそう言っていた。その場しのぎの裁判所の態度には毎度うんざりする。

ただその間の二〇一三年の三月には、面会交流の日時や時間、受け渡し方法などがあれば、面会交流の不履行に制裁金を課す決定を最高裁が出し、以前から不明確だった強制執行の基準を明確にした。また、この年の五月には国際的な子の奪取の民事面に関する条約、いわゆるハーグ条約が国会で批准された。

＊

この条約は国境をまたいだ子の連れ去りについて、子どもが元いた国への返還手続きを定めたものだ。条文には、面会交流についての尊重規定もあり、国境をまたいだケースにおいても、子どもが双方の親から養育への関与を保障されるべきだという考えが背景にある。日本では子どもがいったん連れ去られれば、行方も分からなくなり、裁判所に行ったところで会えないどころか、裁判すら起こせない。日本に子どもを連れ去られた親の立場とぼくたちは同じだ。

ところが、海外では離婚後も親子が親子のままでいるのが当たり前なのだから、日本の実情を知ったときの外国籍の親たちの憤りは、ぼくたち以上のものがある。当然、母国政府に何とかするように圧力をかけ、それが「外圧」として日本が条約に加盟した背景にある。

その加盟の議論の中では、女性の権利を掲げてきた団体や弁護士たちが加盟に反対するために運動を展開した。兵庫県弁護士会は、これまで獲得してきたＤＶ被害者保護の水準が加盟によって後退すると声明まで出した。海外で大きな身体の男性に恐怖を覚える女性の感情も実際に取材する記者から聞いたことがある。そういうキャンペーンが張られていたのは明らかだ。

ぼくも身体は大きいほうだ。外国人で身体が大きいというだけで、加害者イメージを植え付ける手法は、差別と偏見そのものだ。これまで女性の人権を掲げて奮闘してきたフェミニストたちが、こういった加盟反対の論陣を支えていた。

実際に子どもを連れ去られて被害に遭った人がいるのだ。それを「その程度のことは」と言って軽視するなら、女性の暴力被害も「その程度のことは」ということと同じだ。社会的な地位が女性はまだまだ低いといっても、起きているのは個別の男女の関係だ。個人個人の人権の侵害具合を比べても意味がない。人権とは個人個人に所属するものだからだ。

ぼくが共同親権運動を始めた当初、国際的な人権団体のアムネスティ・インターナショナルの方に、運動の方向性について相談したことがある。でっち上げDVが子どもの奪い合い紛争で濫用され、人権派と呼ばれる弁護士たちの中でそれに加担している人がいることは明白だった。その方は「彼女たちはちゃんと理解すれば味方になってくれる人たちだから」と、ぼくの批判を慎重にたしなめていた。その当の彼女たちが海外の事情を知ったうえで、運動を強烈に展開している様子を見て、がっかりを通り越して呆れるしかなかった。共同親権の欧米各国は、日本よりもDVへの刑事介入が厳しいし、日本のDV施策は欧米各国の施策を真似したものだったからだ。

ハーグ条約に加盟すれば、子どもを返還するだけでなく、加盟国は行方不明の子どもの住所を探知する義務を課される。それは裁判手続きを保障するためのもので、連れ去りの既成事実化を防ぐための高跳び防止がこの条約の本質だ。しかしその手続きさえ拒めば、残るのは単に子どもを会わせたくないという感情だ。これは親子引き離し運動そのもので、実際国内で立法化が進まないのも同じ理由だった。根底にあるのは男性や別居親、親権のない親への報復感情と差別だった。そしてそれは、ぼくと子どもたちとの交流の困難さの主要な原因でもあった。

日本に子どもを連れ去られた海外の親たちの運動は、一向に変わらない国内の実情に絶望しがちな国内の親たちの希望でもあった。ぼくは国内の法体制を整えてから条約に加盟するのが順番だと思ったけれど、実際には先行して条約が二〇一四年一月から発効し、結局国内で離婚した親たちは、国際的な人権保障の枠外に捨て置かれた。

それでも、国外からの返還請求に応えていかないとならない裁判所や弁護士が、法律家としての公平さを無視して現状のダブルスタンダードをどこまで維持できるだろうか。

たしかに家庭裁判所を取り巻く環境は変化し、ぼくが三度目に申し立てた調停の末の審判では、裁判官は最高裁判所のガイドラインに沿った強制執行のかかる決定を出した。しかし同居親の拒否感情が対立状況の原因にある場合、対立があるから交流を拡充できないということであれば、意図的に同居親が対立を作り出すことができる。実際にFPICの事務所で行なわれたことを見ればそれは明らかだった。たしかにぼくが学校に行ったことはこれまでなかったことかもしれない。でもこれまでもぼくが時間を拡充したいと言ったり、親を連れて来たいと言ったりすると、FPICの事務所で俊枝が一人で怒っている場面に出くわすのが実態だった。

それは子どもを怯えさせる行為で、実際、ぼくが学校に行って校庭に遊びに出てきた菜種と会った後、菜種は俊枝に言われてそのときのことを書かされていた。そして来校させない理由にその菜種の「陳述書」が証拠に出された。

二〇一三年九月の調停中に、裁判所が俊枝を促して千葉で子どもたちに会ったとき、会うなり硬い表情で「学校に来ないで」と言う二人を、気分を変えさせるために博物館に連れて行った。博物館では二人ともトイレに閉じこもって出て来なくなった。俊枝は何かあったらトイレに逃げるように、子どもたちに事前に教えていたことを審判の中で述べている。結局、それを最後に詩織は面会交流に出て来なくなった。

　同居親に片親疎外の傾向があれば、裁判所は別居親の側の養育時間の配分を増やすなど、養育権の変更を行なって同居親が別居親の養育を妨害する行為を未然に防ぐ措置をとることができる。二〇一四年一二月には、面会交流の約束を守らない母親のもとから、父親へと親権を変更する決定が福岡の裁判所で出ている。監護権の変更はなされていないので、子どもは母親のもとにいたままだけれど、決定が持つ「あなたじゃなくても子どもを見られる親はほかにいる」というメッセージの意味は大きい。

　実際に自分のケースだけでなく、別居親の相談や面会交流の支援も何件かやってみて、短い交流時間はその後の交流の障害にこそなれ、促進要因にはなりにくいのがわかる。だから裁判所でなされた取り決めが四割しか履行されない。同居親が妨害して子どもとの関係が困難になった場合、関係をよくしていくにはもっと子どもと過ごして親子の実感を積み重ねるしかない。月に一回や隔月に一回二時間程度の面会交流ではそれができない。そして子どもは自由に自分の意見や欲求を表明する機会を奪われる。

　十分親と過ごす時間があれば「会いたくない」も「パパおかしい」も言えるし、それをどう乗り越えるかで親子はそれぞれの親子のあり方を作っていける。しかし会えないままに「会いたい」と自由に言える環境は、その子の周りにあるだろうか。もちろん「会いたくない」と言いさえすれば、そのまま「子どもの意思」として尊重される。大人たちは、子どもに親を捨てさせておいて、後々「あなたが会いたくないと言ったから会わせなかったのよ」と説明することだろう。親の不始末の責任を子に負わせる、それが今の日本の実情だ。

引き離された半年の間、詩織も菜種も学校にぼくが来ることや、家の近くの駅に出向くことを嫌がっていると伝えられ、それが俊枝が子どもを会わせない理由だった。そのことをぼくは確かめられないけれど、俊枝自身がそれを嫌がっていることは実際に俊枝の口から聞くので確かめることができる。

あまりにぼくから子どもたちを遠ざける言葉を言ってはばからない俊枝に、審判で同席したぼくは「菜種はいったい誰の子ですか？」と問いかけたことがある。裁判所で認知までして、父を確定した子どもですら、俊枝は誰が父親かを答えられはしなかった。それでも詩織からも菜種からも、会えない半年の間、「行かない」という言葉は俊枝から聞いてはいても、「会いたくない」という言葉は聞かされていない。

親が子どもをもう一方の親に会わせないという行為は、そこに子どもという「証拠」があるのに「なかったことにする」ということだ。それは相手を選んだ自分自身の不明を、子どもに負わせることにほかならない。

＊

二〇一四年三月、ぼくは習志野市内の駅で詩織と菜種を待った。

川野に手を引かれて菜種が現れた。半年間の引き離しの末だった。詩織は俊枝たちの弁護を新たに担当した弁護士の石川英夫と石川さやかによれば、「法的な義務がない」「本人が希望しない」という理由で連れてこないのだという。裁判所が子どもの福祉の観点から詩織の面会交流に言及しているのに、人権を擁護する側の弁護士たちの片親疎外への認識はお粗末な状況だった。

彼らの別居親への偏見が、当事者間をこじらせているのは明らかで、最近ではこういった弁護士たちは、「こじらせ弁護士」と名称を与えられるようにまでなってきている。もともと離婚事件など引き受ける弁護士がいなかったところに、人数の増えた弁護士たちが慣れないままに新規事業として進出するようになってきているのだ。

以前から離婚事件を手がけてきたのは、女性の弁護士たちだった。同居親の側をもっぱら担当する、家事を手がける女性弁護士たちの中には、片親疎外症候群（ＰＡＳ）と呼ばれる現象は、アメリカの精神医学の学会で病状と認められなかったので、このような現象は海外では認められていないという情報を意図的に流す人がいる。しかし、病状と認められていなくても、片親疎外（ＰＡ）という現象自体は、海外では子どもをめぐる養育の問題にかかわる人の間では広く知られた事実だ。臨床心理士の青木聡は、アメリカで二〇一〇年に「国際家庭裁判所・調停裁判所協会」の大会に出席し、その報告をぼくたちにしてくれた。その大会のテーマが親子の引き離し、つまり片親疎外だった。全体会四セッション、分科会八〇セッションのすべてが片親疎外についての発表だった。アメリカでも一時PASの概念を否定する見解が、心理学者や弁護士の団体を中心に述べられたことがあった。しかし、二〇〇八年の時点でPASについての論文は二四四、片親疎外の書籍は三五五冊に及ぶという。分厚い議論の積み重ねがアメリカではある。

そもそも片親疎外は、別居親に対するだけでなく子どもへの虐待だ。ぼくは青木とともに『子どもに会いたい親のためのハンドブック』を出版し、片親疎外についての知識を広めた。この本は、別居親向けの手引書がない中で、現在唯一のテキストになっている。

俊枝側についた弁護士が、意識的にせよ無自覚にせよ、引き離しの手引きをしていることに、法曹界に根づく別居親子への根強い差別を垣間見ることができる。

女性解放の運動からは、離婚は女性を家に閉じ込める結婚制度からの解放という見方が生まれた。共同親権への反発には、そんな女性たちの中から、戦前は持てなかった親権をようやくとれるようになったのに、というぼやきを人づてに聞くことがある。女性が家を出る、つまり離婚しようとしたら、子どもは手放さなければならなかったのだ。共同親権はそれへの反動だというのだ。

たしかに、家と家の結婚として結婚を考える人は現在でもいるだろう。しかし、相手が好きになって結婚したカップルが破たんしたとき、女が親権を持つべきだとか、女が親権をとれないのはおかしいとか、そのときになってはじめて枠を持ち出すなら、結婚自体がお互いの合意のもとになされるべきだという考え自体を捨てないとフェアではない。子どもから父を奪い、父性をはく奪しながら金だけ求めてよしとするとしたら、最初から男を子育てに関わらせるべきではない。

ぼくは、面会交流に積極的な意思を示さない傻枝に対して、裁判所で「そんなに言うんなら、ぼくが子どもを育てていたときの賃金を払うように向こうに言ってください」と調停委員に言ったことがある。男はATMではない。子育ては女の当然の権利だとでもいうのであれば、労働者として経営者としての親権者と労使交渉をするしかない。調停委員は「そうくるか」と嘆声していた。

結婚が支配、被支配の関係の強制であるとするならば、離婚はたしかにそこからの解放なのかもしれない。しかし、子どもを親から引き離すという行為は、子どもに対する親の支配だし、引き離すという強制力による元配偶者への新たな支配の始まりでもある。それを子育ては女の役割と、性別役割分業で正当化することの自己矛盾を女たちが気づいていないとしたらうそだろう。男たちにとっても、立法措置によって好きなときに子どもと会えさえすればいいというのであれば、それは男は親として「立派な仕事」さえすればいいという性別役割分業の焼き直しに過ぎない。

父子家庭として子どもの面倒を見はじめたとき、子育てについての傻枝の負担感がぼくにもわかった。子育てについての価値観の違いが離婚の原因である夫婦はたしかにいる。別れた後の共同子育てが当たり前になる社会が実現すれば、そういった夫婦にとって、離婚は自分たちの新しい人生のスタートであると同時に、子育てにおいてどういった相手との関係が望ましいのか、その仕切り直しのきっかけとして捉えられていくだろう。

ぼくは、自分が家を出て、俊枝が話し合いを持ちかけたとき、まさかそこで別れ話になるとは思っていなかった。そしてその後、俊枝が川野とともに引き離しを実行していくようになるなんて想像もしていなかった。たしかに事実婚であっても、夫婦になるってそんなに軽いものなのかと憤りも生じた。夫婦は支え合うものだし、信頼のもとに協力して家庭を作っていくもの……その前提がなければ、違う道があったかもしれない他人の人生に自分がずっと関わり続けることが、結婚という言葉だけで正当化できるのだろうか。まして子どもが生まれれば、両者の関係は子どもにも影響を与える。そのことを子どもは選べはしない。

親の離婚を経験し、引き離された経験を持つ子どもに何人か話を聞けば、口をそろえて法律が必要だと言う。彼らは親の感情が、親としての責任や自制心によって抑えられるとは信じてはいなかった。それでも親は親なのだ。

ぼくが持っている価値観を俊枝も川野も持ち合わせてはいなかったのだと、今になって思うことができる。他人を好きになるという感情自体に客観性を求めても仕方ないことなのかもしれない。だけど、信頼感の中から愛が育まれるという関係は、彼らとの間では努力してもむなしいことを、この間学ばざるを得なかった。幾分なりとも信頼感が培われるのは、法律という枠組みをぼくが持ち出した後だった。法律で信頼関係は作れない。しかし法によらなければ信頼関係を作るよすがを得られない。それはそのときどきで自分の限界を思い知らされる惨めな経験だった。

改札口で川野は無言でぼくに菜種を渡した。

菜種は川野とぼくから逃げるようにその場を離れ、ぼくがそれを追いかける。川野もまた、俊枝とともに親子の引き離しにかかわり、菜種が嫌がると裁判所に面会交流に応じない理由を書面で寄せてもいた。ぼくは詩織や菜種の授業参観や学校行事に毎回出ているけれど、授業参観で川野を見たのは、その時点で一度きりだった。結局、子どもが嫌がっているかどうかは二の次で、川野にとっては強制力があるかないかが判断基準だったことになる。

川野たちには会わせなかった半年の期間の損害賠償の民事訴訟を起こした。その裁判では、何度も俊枝と川野が裁判をサボタージュしたことも交流妨害の一環としてカウントしていた。それだけでなく、結局、人身保護によって養子縁組をした行為自体が、そもそも引き離す目的でなされたものではないかと訴えていた。

親権のない親の許可を得ずに、親権者が子に代わって縁組する代諾養子縁組は、親権者が親子関係を保障する限りにおいて、子どもへの大人たちの保障として正当化されうる。結果的とはいえ、親権者だからと引き離すのであれば、それは制度の悪用だ。詩織と菜種は、川野を養父としたが故に、ぼくと会えなくなったのだから。

菜種が走っていったのは、ぼくも含めた大人たちのあり方への不信を表しているようだ。

本屋に寄り、しばらく黙って本棚を見ていたら、菜種が近くによって身体を寄せてきた。やはり会えない期間は不安だったのだ。それでも「学校に来ないで」と言う口調は事務的だった。

「そりゃあ菜種からすれば困ったなってことはわかるよ。でもどうして」

「嫌だから」

「それじゃあわかんないよ」

言い返しても仕方がない。結局書店で本を買い、近くの子ども向けの文房具店でこれまでと同じように、一〇〇〇円以内の買い物をいっしょにした。

バスに乗って近くの干潟のある公園にいっしょに出かけ、二人で干潟を一周した。干潟を半周ほどしたときに、菜種はぼくのことを「あなた」と呼んで話しかけた。今まではそんな呼び方はしていなかった。

「そんな呼び方おかしいよ。菜種がみつるのことそういうふうに言うんなら、みつるも菜種のこと、『あなた』っていうけどいい？」と聞くと、黙り込んでいた。定期的に会えていたときは「パパだもん」って言っていたけれど、物理的に引き離されると心も遠くなる。

公園のビジターセンターではじめて菜種と外食をした。二時間の交流時間ではこれまでできなかったことに、二人とも心が弾む。それでも時間は四時間で、すぐにタクシーを呼ぶ。タクシーを待つ間、「詩織は来るといいねえ」と言うと、「詩織はもう来ないよ」と菜種がぶすっと言った。

「そりゃあ、みつるの話をすると、お母さんは嫌な顔をするんだから、詩織が来れないのは普通だよ。菜種はがんばったと思うよ。そのうち詩織も来るようになるよ」

菜種は周りがぼくのことを肯定的に語らなければ、「パパに会いたい」というのは相当に勇気がいる。詩織も同じかそれ以上かもしれない。

半年間の不履行の責任を問う損害賠償の裁判は、ぼくの居住地の立川地裁に起こした。元妻側は移送を申し出た。石川弁護士らは、詩織については血がつながっていないから、執着する宗像がおかしいと移送の理由の中で述べていた。執着するも何も、詩織については千葉家裁の決定で書かれていることだ。彼らがぼくたちの関係をこじらせる背景に、別居親への偏見があるのは明白だった。ところが驚いたことに移送は認められた。なんでも詩織の本人尋問をする可能性があり、そのため千葉でする必要があるというのだ。

移送決定にすぐさま抗告した。この状況で、詩織を法廷に呼び出し、「会いたい」という答えをするとでも裁判所は考えているのだろうか。だったらもう会いに来ているだろう。二度目に驚いたことに、ぼくの主張を東京高裁は入れて移送を取り消した。そこには「子どもの心情を考慮すべきだ」という一文が入っていた。

「詩織も菜種も同じなんだからね」とぼくがいうと菜種がうなずいた。「そのうち詩織も来るようになるよ」と自分に言い聞かせるようにぼくの言葉を菜種が繰り返した。

タクシーに乗った。

ぼくがシートに座って「ああ、楽しかった」と言うと、菜種が「ああ、楽しかった」と笑顔で同じ言葉を繰り返した。

あとがきにかえて

二〇一七年一〇月に六年生になる菜種の授業参観に行くと菜種が来ていなかった。数カ月前、詩織の所属するクラブの部内コンサートを聞きに行くと、やはり来ていなかったことがあった。この一〇年、俊枝の言動に驚かされることが多かったのだけれど、学校を休ませることはなかった。裁判の中では、ぼくが出席する見込みの学校行事について、俊枝は「嫌だったら行かなくてもいいんだよ」と子どもに言ったと主張していたし、ぼくが授業参観の裁縫の時間に菜種の隣に立っていると、やってきて「嫌だったら言いな」とぼくではなく菜種に促している。

その間の九月には、ぼくが四回目に家庭裁判所に申し立てた裁判で、裁判所はそれまでの隔月四時間のぼくの側の養育時間を、毎月八時間に延ばす決定を出していた。引き離されてから一〇年も経っていながら、裁判官の村上幸恵は、宿泊付での交流を「時期尚早」と逃げていた。元妻はぼくが学校に来続けることを取りやめるように主張した。親権者だからといって他の親の行動を規制する権限はないので、裁判所は元妻の主張はいれなかった。しかし学校行事では子どもに気を使って話しかけるなと、ぼくに向かって説教した。そのことをほかの人に話すと、「親でもないのに何でそんなこと言えるの」と驚き顔だった。

娘は会ったときに、「パパが二人いてややこしい」と言ってきたことがある。ぼくは「充はお父さんで、厚さんは新しいお父さん」と手紙に書いて説明した。子どもにとって離婚とは家が二つになることだ。いつまでも自分のルーツである父親のことを、周囲に隠し続けるのは子どもの負担にしかならない。会えば会ったで学校のことについていろいろ話もする。菜種の来ない授業参観で、ぼくは菜種の代わりに授業を受けた。

裁判所のアドバイスは、単なる離婚家庭の子どもと親への差別で、「パパ来てくれてよかったね、と言えばよかったじゃないですか」と母親にアドバイスしておけば、これ以上誰も苦しまなくてすむだろう。偏見には両親が力を合わせて子どもを守ることもできる。子どもは母親が会わせたくないということくらいわかっていて、裁判所の調査官の聞き取りでもそう言っていた。

月に一回八時間の決定が出た裁判は、ぼくが二〇一六年に四回目に家庭裁判所に申し立てた審判だ。それより前、半年間にわたって子どもとの関係を妨害した元妻とその夫の不法行為が確定し、ぼくはそれを理由に親権者変更を主張した。しかし、子どもが親権者の結婚相手の養子にされている場合、親権者変更を認めないという決定を、最高裁判所は二〇一四年四月一四日に出しており、仮処分は最高裁で否定された。親が再婚するのは親の都合だけれど、そのことで子どもは親と暮らす道をこの国の裁判では断たれてしまう。

本案の裁判で村上が月八時間という交流の頻度と時間を指示し、このまま時間がのびたとしても、やってこない詩織との関係も含めて、実際子どもとの関係がどうなっていくのか、心配はある。しかし少ない時間と頻度よりも、関係を作り直す機会は増えていくと願っている。俊枝たちはこの決定に不満で東京高裁に抗告した。ぼくの弁護士たちは、なんでそこまで続けるのかとかなり驚いていた。

子どもの心が離れてしまうのではないか、そのことで子どもとの関係が断たれてしまうのではないか、その恐怖をこの一〇年間、機会あるごとに感じてきた。頻繁に十分な時間子どもと過ごせて、泊まりで親子の時間が持てれば、いくらいっしょにいる親が妨害をしても限界はある。しかし裁判所の別居親への蔑視はこの一〇年で、多少改善されても根本的には変わらない。法律も二〇一一年以降アップデートされていない。

それどころか、例えば週刊金曜日といった、反権力・人権を標榜してきた雑誌が二〇一七年になって、「問題のある別居親のための法律は必要ない」と弁護士に書かせ、面会交流をさせることがいかにリスクがあることかと恐怖を煽り、別居親たちを監視することを主張していた。親が子どもに会うだけのことなのに。

ぼくはこの本を書く過程で、いかに自分が人としても親としても未熟だったかを何度も何度も思いしらされ、校正の度に過去のつらい出来事を思いだして涙を流した。今は明るく振る舞うこともできるようになったほかの別居親たちと話しても、子どもと引き離されたときのことを口にすると、今でも涙が出る、と誰もが口にする。

ぼくたちの経験は、他人の足を踏みつける行為を正義の名の下に正当化するような、そんなまねをぼくたちが繰り返していかないためにも、意味があることなのかもしれない。それを書き残しておくことは、同じ経験をした親たちや、その親たちがどんな思いで過ごしていたのか知りたい子どもたちにとっても、少しは役立つのではないか。それは、二人の子どもたちにとっても……。

ぼくは、どんなに親が自分のことを気にかけていたのか、想像がつかないような大人に自分の子どもになってほしいとは思わないし、相手の立場になって考えられる大人になってほしいと願う。「親はなくても子は育つ」かもしれない。しかしやさしくない大人たちの間で、ぼくたちはどんな世界を子どもたちに伝えたいのだろう。

宗像充（むなかた・みつる）

1975年大分県犬飼町出身、現在長野県大鹿村在住。登山、環境、人権、平和、家族などをテーマにルポを書く。2007年に人身保護請求によって子どもと引き離され、2008年に国立市に面会交流の法制化の陳情を提出したのを機に、子どもと引き離された親たちの権利回復の運動に取り組む。2009年に「共同親権運動ネットワーク」を立ち上げ、現在は運営委員。「おおしか家族相談」（電話0265-39-2067）で実子誘拐や片親疎外を中心に相談・支援を行う。大鹿村ではリニア中央新幹線に反対する「大鹿の10年先を変える会」で機関紙「越路」を発行。

著書に『街から反戦の声が消えるとき　立川反戦ビラ入れ弾圧事件』（樹心社、2005年）、『子どもに会いたい親のためのハンドブック』（社会評論社、2012年）、『ニホンオオカミは消えたか？』（旬報社、2017年）。『子どもに会いたい親のためのハンドブック』の改訂版を近々刊行予定。

引き離されたぼくと子どもたち　どうしてだめなの？共同親権

2017年12月10日　初版第1刷発行

編　者＊宗像充
装　幀＊後藤トシノブ
発行人＊松田健二
発行所＊株式会社社会評論社
　　　　東京都文京区本郷2-3-10
　　　　tel.03-3814-3861/fax.03-3818-2808
　　　　http://www.shahyo.com/
印刷・製本＊倉敷印刷株式会社

Printed in Japan